샤넬백을 버린 날,

새로운 삶이 시작됐다

샤넬백을 버린 날,
새로운 삶이 시작됐다

최유리 지음

goodbye
chanel bag

흐름출판

"타인의 시선에서 벗어나
있는 그대로의 나를 입기로 했다."

차례

contents

Prologue 샤넬백 앞에서 작아지지 말기를   8

chapter 1

패션의 완성은 자존감이다

누구나 한 번은 공주가 되어야 한다   16

패션의 완성은 얼굴이 아니었다   30

임용되지 않아서 다행이다   41

서울대 점퍼 후배님들, 부디!   52

chapter 2

트렌드 말고 나를 입기로 했다

데이트 룩의 정답, 따를 필요가 있을까?   78

놈코어는 단지 패션 트렌드가 아니다   89

나를 위한 헤어스타일, 평가는 필요 없다   101

chapter 3

진정한 아름다움은 삶에서 나온다

진짜 왕자를 알아보는 법   132

난 그냥 사랑 초보였다   143

우리가 꿈꾸는 롤모델은 슬로우 러너일지도 모른다   157

진짜 부러운 여행에는 지름샷이 없었다   167

chapter 4

행복은 진정한 소통에서 나온다

내가 받고 싶은 선물은 나를 알아봐주는 마음   194

고가의 '스드메'는 최고의 순간을 남기지 못했다   204

우리 우정에 명품 백은 필요하지 않다   211

그렇게 나를 만났다   221

Prologue
샤넬백 앞에서 작아지지 말기를

샤넬백을 향한 선망

"쇼핑을 하면 환한 불빛이 켜지죠. 하지만 곧 꺼져요. 그래서 또 쇼핑을 해요."

영화 〈쇼퍼홀릭〉 주인공 레베카의 고백이다. 황홀하게 빛나던 그녀의 눈이 슬픔으로 흐려질 때, 난 그 눈에서 텅 빈 내 마음을 봤다. 그렇게 옷을 많이 사고도 행복하지 않았다. 공주처럼 반겨준 백화점 직원들도, 철없는 아이라며 비난한 가족들도 내 마음엔 관심 없었다. 30대 후반, 박사 논문을 써서 남들이 선망하는 사회적 지위를 얻기로 결심했을 때 극심한 우울증을 만났다. 난 주저앉아버렸다.

'어쩌다 이 지경이 됐을까?'

처음으로 알았다. 난 평생 남이 정한 기준에 나를 끼워 맞추기 바빴고, 한 번도 나 자신이었던 적이 없었으며, 일류대 간판과 사회적 지위, 멋진 옷으로 나를 꾸미려고만 했었다는 것을.

학교를 오래 다니고도 내 기준을 갖는 법은 배우지 못했다. 학교가 '이런 게 정답이야'를 주입하면 틀리지 않기 위해 침묵한 채 그 규칙을 받아들였다. 시행착오를 거쳐 나만의 답을 찾아가기보다 찍어주는 정답을 외워온 우리.

"1,2,3 중 뭘 사야 할까요?"

온라인 커뮤니티에서 심심찮게 발견되는 글 속엔 틀리지 않기 위해 누군가의 지시를 기다리는 우리의 관성이 있다. 학교 밖 세계로 나온 나를 지배했던 강력한 규칙은 이것이었다.

'비싼 물건을 가진 삶이 멋있는 삶이다.'

어릴 때부터 옷을 좋아했지만, 옷을 좋아하는 내 존재는 존중받지 못했다. 그런 내게 학교 밖 규칙은 거의 종교가 되었다. 돈을 벌기 시작하며 쇼핑으로 결핍을 채우려 했고 난 쇼핑중독자가 되어갔다. 여행, 사진 촬영, 친구들 모임, 선물 교환, 결혼 준비…… 일상 속 선택의 순간마다 소비주의의 신은 거대한 미소를 지어 보냈다.

갖고 싶은 것들을 가져도 해결되지 않은 공허함이 있었다. 고민 끝에 내린 결론은 하나였다. 단골 쇼핑몰 사장님 어깨에서 보았던 샤넬백. 그것만 있으면 내 삶이 멋져질 줄 알았다. 학교 다닐 때처럼 난 다시 누군가가 찍어준 정답을 받아들인 셈이다.

그때까지의 삶이 그랬다. 모범생이 되기로 한 건 사랑받지 못할까 봐 두려웠던 나의 생존 전략이었다. 일류대 출신의 좋은 직업을 가진 옷 잘 입는 예쁜 여자. 나는 한국 사회가 정해준 정답에 맞는 여성이 되기 위해 안간힘을 썼다. '내가 누구인가?'에 대한 고민은 없었다. 그러나 내가 주저앉았을 때 옷장 속 샤넬백은 아무런 정답을 제시하지 못했다. 샤넬백은 비싼 솜사탕에 불과했다.

짙은 안개 속에서 방황하던 그때, 우연히 오드리 헵번의 사진과 마주쳤다. 자신을 숨기지 않는 그녀 앞에서 알 수 없는 눈물이 흘렀다. 그녀는 내가 알던 정답을 부인하기보다, 다른 세계가 있음을 말하고 있었다. 오랜 마법에서 풀려난 것 같았다.

나 자신으로 커밍아웃

"박사 포기하신 거 후회하지 않으세요?"

많은 길을 돌아 여기 온 내게 가끔 누군가가 묻는다. 더 일찍 나를 알지 못한 아쉬움은 있다. 그러나 나를 탓하고 싶진 않다. 나를 몰라 거쳐야 했던 궤적까지도 내 세계의 일부니까.

박사 논문을 포기한 건 후회하지 않는다. 일류대 이름을 뽐내며 맞지 않는 옷을 입은 채 좋은 직장의 드레스 코드를 맞추려 애쓰던 그때의 나로 돌아갈 생각은 없다. 나는 나로 커밍아웃했기 때문이다. 커밍아웃. 그건 아무리 험난한 길이 펼쳐진다 하더라도 나 자신이었을 때 가장 행복하다는 믿음이 전제된 선택이다.

이 책의 시작은 낮은 자존감과 정체성 혼란으로 고통받던 나를 치유하기 위함이었다. 글을 쓰며 확실히 배웠다. 행복해질 수 있는 유일한 길은 남이 정한 규칙에서 벗어나 진짜 내가 되는 것에 있었다.

난 박사 가운을 벗고 나를 입기로 했다. 옷을 좋아하고 세상이 아름다워지기를 꿈꾸는 조용하고 삐딱한 시선의 여자, 조용한 말괄량이. 새로운 세계에서 만난 새로운 나 자신이다. 나를 만나자, 나처럼 정체성을 모른 채 획일화된 규칙에 고통받았을 누군가의 정체성 찾기와 정체성 입기를 돕는 사람이 되고 싶었다. 그렇게 패션힐러가 되기로 했다.

일상을 지배하는 소비주의

"정체성을 찾으면, 비싸지 않은 옷을 돌려 입어도 옷 입기가 즐거워져요."

내가 스타일링 강의에서 빼놓지 않는 메시지다. 모 백화점에서 강의를 하고 돌아온 다음 날 백화점 직원의 전화를 받았다. 내 강의를 들은 백화점 VIP 고객의 항의를 전하기 위해서였다.

'정체성 같은 건 모르겠고 비싼 옷을 많이 사 입는 나는 그럼 틀렸단 말이냐.'

아, 맞다! 그곳이 소비주의의 천국인 백화점임을 난 잊고 있었다. 이야기를 전했던 직원 또한 그곳이 백화점이라는 사실을 강조하며 조용히 타일렀다. 그날 우리가 살고 있는 세계를 지배하는 규칙의 실체를 다시 보았다.

여전히 샤넬백의 세계에 사는 분들에게 내 시각은 불편할지도 모른다. 몸에 걸친 가방과 신발로 서로의 연봉과 사회적 지위를 은근슬쩍 가늠하고 그 속에서 승자가 되려는 욕망, 그러나 돌아서면 비싼 물건을 가진 사람을 비난하는 이중성. 벗어나고 싶지만 벗어날 수 없는 모순은 샤넬백의 세계가 우리 일상을 유유히 지배하고 있음을 보여준다.

행복은 암묵적 약속에 순응하지 않는 것에 있다

이 책에서 말하는 샤넬백은 좁은 의미에서는 샤넬백 그 자체를, 넓은 의미에서는 '이런 게 좋은 거야'라고 합의된 기준을 의미한다. 비싼 물건을 소유하지 않으면 열등한 사람으로 바라보는 소비주의, 패션 트렌드에 뒤처지면 패자 취급하는 담론, 외모와 패션, 연애와 결혼 앞에서 여성이 취해야 할 태도를 강요하는 편견, 학교 이름과 좋은 직장을 과시하는 허세.

우울증이라는 긴 터널을 지나온 내가 찾은 행복은 이런 암묵적 약속에 순응하지 않는 것에 있었다. 진짜 멋있는 삶은 샤넬백에 있는 게 아니었다. 남의 시선에 흔들리지 않는 건강한 자존감, 있는 그대로의 나를 사랑하는 사람들과의 진실한 소통. 진짜 멋있는 삶은 여기에 있다.

물론 샤넬백을 선망하는 당신과 샤넬백을 가진 채 미소 짓는 당신을 비난하고 싶지는 않다. 나는 그 세계를 부인하기보다 다른 세계가 있음을, 다른 세계에서 다른 행복을 경험할 수 있음을 말하고 싶다.

누군가의 샤넬백 앞에서 작아지지 말기를.

친구들과의 모임 후 자신의 가방으로 자신의 가치를 평가하지 말기를.

당신의 세계에서 결국 당신 자신을 만나기를.

가장 당신다운 모습으로 다른 차원의 기쁨을 누리기를.

샤넬백의 세계에서 오랫동안 침묵해온 당신에게 따뜻한 응원을 보낸다.

— 최유리

chapter 1

패션의 완성은 자존감이다

누구나 한 번은
공주가 되어야 한다

좋아하는 것을 향한 열망

내가 고등학교 3학년이었을 때, 엄마는 나만큼이나 열심히 공부했다. 엄마는 그해 엄청난 경쟁률을 뚫고 모 대학 일어일문학과 편입 시험에 합격했다. 엄마가 중학교 3학년이었을 때, 엄마의 엄마는 집안 사정을 이유로 엄마의 꿈을 외면했다. 엄마의 꿈은 인문계 여고를 거쳐 대학에서 영문학을 공부하는 것이었다. 그러나 엄마의 엄마는 자신의 딸이 장학금을 받고 학교에 다닐 만큼 뛰어날 거라고 믿지 않았다.

원하지 않는 길을 가게 된 엄마는 평생 엄마를 원망했다.

난 그 설움을 알면서도 뒤늦은 나이에 편입한 엄마를 완전히 이해할 수 없었다.

"왜 이제 와서?"

내 의문에 엄마는 이렇게 반박하는 듯했다.

"아니, 이제서야."

엄마는 연이어 석사까지 마쳤다. 엄마의 뒤늦은 공부는 배움을 누려보지 못한 결핍을 채우려는 강한 의지 표현 같았다. 나를 대학에 보낸 뒤 여유가 생기자 평생 바라왔던 일을 마침내 행동에 옮긴 것이다.

몇 년 전 조원선의 경쾌한 노래 〈도레미파솔라시도〉를 들으며 고개를 까딱이다가 어딘지 익숙한 가사에 가만히 고개를 멈췄다. 노래 속 화자는 노래를 좋아하는 소녀로 어른이 되면 가수가 되겠다는 꿈을 얘기한다. 그러자 어른들은 이렇게 말한다.

"그런 건 하지 마라."

"넌 대체 왜 그런 거니?"

그러나 소녀는 굴하지 않고 노래 속 반주만큼이나 경쾌하게 받아친다.

"나도 어쩔 수 없어요. 노래를 무엇보다 좋아하게 되었으니까요."

문학도의 꿈을 품었던, 우리 엄마의 소녀 시절도 노래 속 화자와 다르지 않았을 거다. 그러나 그 소녀는 나와 언니를 낳고 엄마가 되자 노래 속 어른이 되어버렸다. 그림 그리기를 좋아했던 내가 커서 패션 디자이너가 되고 싶다고 하자 엄마는 이렇게 말했다.

"그런 건 하지 마라."

경쾌한 멜로디와 리듬의 이 노래를 나는 마냥 즐겁게 흥얼거릴 수 없었다. 노래 속 소녀의 용기가 부러웠다. 같은 상황에서 나는 노래 속 소녀처럼 받아치지 못했다. 그건 엄마도 마찬가지였다. 엄마의 인생을 보며 내가 얻은 확실한 교훈이 있다면 좋아하는 것을 향한 열망은 "그런 건 하지 마라" 같은 훈계에 쉽게 사라지지 않는다는 거다. '하지 마라'는 훈계에 '어쩔 수 없다'고 체념했지만, 엄마의 무의식 어딘가에 자리 잡았던 바람은 결국 행동으로 옮겨졌다.

어른은 어른의 권위로 아이들의 열망을 꺾는다. 그 결핍이 평생 간다는 것을 알고 있으면서도 말이다.

무엇이든 핑크가 좋아

'나의 핑크 사랑은 어디서부터 온 것일까?'

언젠가 페이스북 친구 한 명이 이런 문장과 함께 핑크색 마우스, 핑크색 필통, 핑크색 펜을 옹기종기 모아놓은 사진을 올렸다. 사진을 보니 핑크색만 보면 본능적으로 손이 가던 지난 시절 내 모습이 떠올랐다.

20대의 난 핑크색 립글로스로 입술을 반짝였고, 핑크색 카디건을 입고 다녔으며, 청바지 아래에는 핑크색 스타킹을 신었다. 30대의 난 마름모꼴 퀼팅이 아름답게 빛나는 핑크색 샤넬백을 잡지에서 발견하곤, 그 사진을 오려 옷장 안에 붙였다. 이미 검정색 샤넬백을 갖고 있었지만, 그런 건 상관없었다. 나의 다음 백은 핑크색 샤넬백이 될 거라며 그 사진을 오래도록 간직했다.

30대 후반의 난 핑크색을 이미 충분히 누려봐서인지, 핑크색의 무언가를 보더라도 덥석 집어들지 않았다. 그러나 핑크를 완전히 버리진 못했다. 꽤 오랫동안 필통에선 핫핑크 수성펜이 '안녕, 어서 나를 써'라며 옛 친구처럼 나를 반겨주었다. 그럴 때마다 나 역시 이런 생각이 들었다.

'나의 핑크 사랑은 어디부터 온 것일까?'

어릴 때부터 예쁜 게 좋았다. 특히 옷을 좋아했다. 그러나 불행히도(?) 매번 언니 옷을 물려 입어야 했다. 이미 오랫동안 봐서 싫증난 옷을 입어야 했기에 내 마음은 그 옷을 온전히 입은 적이 없었다. 옷 입기는 당연히 즐겁지 않았다. 어쩌다 엄마에게 불만을 이야기하면 돌아온 반응은 이랬다.

"벗겨놓는 것도 아닌데 왜 맨날 옷 타령이야?"

"엄마는 다른 엄마들처럼 옷도 안 사 입고 너희 교육비에 이만큼이나 투자하잖아!"

그 과정에서 내가 고른 옷을 입고 싶다는 열망은 점차 수치심으로 변해갔다. 언니에게 물려 입은 핑크색 프릴 점퍼를 입고 유치원에서 해맑게 노래하던 난, 사춘기가 되자 비싸고 예쁜 옷을 입은 다른 아이들을 질투하기 시작했다. 그리고 어른이 되어 돈을 벌기 시작하자 어린 시절을 보상하기라도 하려는 듯 쇼핑에 빠졌다. 그때 특히 핑크 아이템에 집착했던 건 어린 시절의 결핍 때문인지도 모르겠다. 내가 좋아하는 것을 충분히 누려보지 못한 결핍. 어린 내게 가장 예뻐 보였던 건 레이스가 잔뜩 달린 핑크색 드레스였다.

"아니야, 너 어렸을 때 꽤 예쁜 옷 입고 다녔어."

중학교 1학년 때 같은 반이었던 친구의 말은 이런 나의 생각을 뒤흔들어놓았다. 그랬나? 그러고 보니 내 옷은 형편없지 않았다. 종종 비싼 옷으로 친구들의 부러움을 사기도 했으니까. 그런데 난 왜 늘 불만 가득한 얼굴로 엄마를 졸라댔을까? 왜 돈을 벌기 시작하자 화려한 레이스, 플라워 프린트, 벨벳, 망사 스타킹, 핫핑크의 과한 공주풍 옷을 샀을까? 엄마의 말씀처럼 단지 내게 낭비벽이 있어서, 내 성격에 문제가 있어서였을까?

공감 결핍이 만들어낸 욕망

"애들이 뭘 안다고."

어른들이 무심코 내뱉는 말이다. 그런데 내가 아이를 낳아 길러보니 아이에겐 나름의 세계가 있고, 나름의 이유와 감정이 있다. 언젠가 부모 교육 세미나에 참석했다가 부모로서 가장 중요한 임무가 '감정 공감'이라는 것을 배웠다. 부모가 내 편이라는 정서적 안정감은 한 아이를 '건강한 자존감'을 가진 성인으로 성장시킨다. 그러나 이런 임무를 수행하는 것은 그리 쉽지 않다. 아이들은 종종 떼쓰기, 보채기, 엉엉 울어버리기, 퇴행 등의 행동으로 어른들을 곤란하게 하니까. 어른들은 이런 순간 이렇게 묻는다.

"넌 도대체 왜 그러니?"

그런데 아이들은 자기가 왜 그런 행동을 하는지 정확히 설명할 수 있을 정도로 감정 인지 능력이 발달하지 못했다. 제대로 설명하지 못하고 무작정 떼쓰며 울기만 하는 아이에게 어른은 다시 묻는다.

"넌 도대체 왜 그러니?"

사실 이건 질문이라기보다는 어른의 권위에 저항하지 말라는 신경질 섞인 협박에 가깝다. 그러나 알고 보면 아이들이 원하는 건 그리 큰 게 아니다.

"아! 엄마가 이거 안 사준다고 해서 섭섭했구나."

어른의 그 말 한마디를 듣고 나서야 아이들은 자신이 왜 그렇게 억지를 부렸던 건지 깨닫는다.

'맞아요. 내 마음을 알아봐달라고 말하고 싶었을 뿐이에요.'

아이들의 떼쓰기는 소통과 공감을 요구하는 행동이다. 그러나 불행히도 어른들은 당장 편하기 위해 어른의 권위로 요구를 묵살해버린다.

아이를 키우면서 나는 배웠다. 어른들이 성가시다고 생각하는, 떼쓰기 이면의 공감 요구에 응하는 행동이야말로 아이가 자기 자신을 가치 있는 사람으로 인식하게 한다는 것을. 협박과 회유의 유혹이 머릿속을 스칠 때마다 내 어린 시절의 결핍을 떠올리며 아이를 향해 웃는다.

"그런 친구 만나면 안 된다. 같이 놀지 마라."

"그런 남자 만나면 고생한다. 만나지 마라."

"그런 일하면 가난하게 산다. 다른 일해라."

"제발 옷 좀 그만 사고 공부나 해라."

내가 평생 들어온 '안 돼'의 다양한 표현이다. 부모님의 이 모든 말은 내가 상처받거나 위험에 처할까 봐 걱정하는 표현이었다. 그러나 상처받거나 위험에 처했을 때 무엇을 어떻게 해야 하는가는 온전히 내가 판단해서 결정해야 할 내 몫이다.

부모의 '안 돼'가 아니어도 우리는 스스로 무엇을 하면 안 되는지, 어떤 사람을 멀리해야 하는지 성인이 되어가며 자연스럽게 배운다. 물론 "안 돼"라는 말로 아이를 당장의 위험에서 보호할 순 있다. 그러나 이 말은 평생 자기 삶을 살아가야 할 아이에게 도움이 되지 않는다.

건강한 자존감. 자신을 가치 있는 사람이라고 믿기에 자기 자신에게 지지를 보낼 수 있는 단단한 마음. 그것은 성인이 되어서 부모에게 일일이 말할 수 없는 다양한 위험을 마주쳤을 때 자신을 굳건히 보호하는 방패가 되어준다. 내가 들었던 "안 돼"는 건강한 자존감을 형성하는 걸 방해했다. 난 내가 들었던 수많은 "안 돼" 때문에 처음부터 내게 그런 방패가 존재하지 않는다고 믿었다.

색채 심리학자들은 핑크가 사랑과 인정의 색이라 말한다. 태중에 있을 때 아이를 따뜻하게 감쌌던 핑크는 세상에 나온 아이를 여전히 끌어당긴다. 핑크에 대한 알 수 없는 끌림을 느끼며 우리 각자는 이런 말을 수백 번 외쳤던 건지도 모른다.

"엄마, 나를 사랑해줘."

"엄마, 있는 그대로의 내 모습으로 사랑받고 싶어."

성인이 되고도 공주 패션과 핑크 샤넬백을 선망했던 건 내

가 어떤 모습이든 있는 그대로 사랑받고 싶다는 강한 열망의
표현이 아니었을까? '안 돼'라는 강한 거부에 어쩔 수 없이 순
종하며 자라는 동안, 난 진심 어린 공감을 받아본 적이 없었고
내 존재를 존중받은 적이 없었다. 늘 엄마 눈치를 봤고, 선택하
기보다 허락받아야 했다. 내 삶의 주인으로 산 적이 없었다.

　핑크는 내 옷을 입고자 하는 욕망, 그리고 내 삶을 살고자
하는 욕망에 대한 '공감 결핍'이었던 것이다. 옷을 그렇게 많
이 사고도 나는 행복하지 않았다. 성인이 되고도 자존감은 어
그러진 그대로였다. 결국 난 30대 후반에 우울증을 만났다.

옷을 좋아하는 나를 사랑하기로 했다

　참 신기했다. 가르쳐준 적도 없는데 어느 날부터 아이가
'핑크'를 가장 예쁜 색상으로, '드레스'를 가장 예쁜 옷으로 꼽
기 시작했다. 네 살 무렵, 하루는 아이가 자전거를 타고 어린
이집에 등원하겠다고 했다. 그날 아이가 집을 나서는 순간을
사진에 담았다. 찍고 보니 핑크색 자전거, 핑크색 헬멧, 핑크
색 선글라스, 핑크색 후디스. '너무 핑크인가?' 그러다 이내 따
라온 생각. '너무 핑크이면 안 되나?'

　내가 낳은 '어린 사람'에겐 원하는 대로 자신을 표현할 권

리가 있고, 엄마에게 무조건적인 정서적 지지를 받을 권리가 있다. 엄마인 내 눈에 핑크 패션이 과해 보인들 어떤가. 핑크 외에도 아름다운 색상이 많으며, 드레스가 아니어도 자신을 아름답게 표현해줄 옷이 존재한다는 것은 커가면서 스스로 알아갈 테니까. 핑크 사랑을 향해 엄마가 보내주는 정서적 지지로 아이가 행복하면 그만이다.

이 무렵, 아이는 TV 만화영화의 공주들을 보며 자신도 공주라고 말했다. 아이는 드레스를 입은 내 사진을 보더니 나에게 물었다.

"엄마도 공주였어? 엄마는 공주였을 때 뭐했어?"

아이의 맑은 눈빛을 바라보며 말 없이 웃어줬지만, 속으로 이렇게 말했다.

'사실은 말이야, 엄마는 공주가 돼본 적이 없어.'

공주가 된다는 것. 그건 단지 외모를 화려하게 치장하는 것을 말하는 게 아니다. 공주가 된다는 것. 그건 만화영화 속 어린 공주들이 어른들에게 가치 있는 사람으로 존중받듯, 내 감정이 아무리 유치하더라도 가치 있는 사람으로 존중받는 것을 말한다.

'여자라면 누구나 한 번은 공주가 되어야 한다.'

이런 생각으로 우리는 어릴 땐 촌스러운 공주 옷을, 결혼식 땐 웨딩드레스를 입는다. 그러나 우리 중 얼마나 많은 사람이 진짜 공주가 되어보았을까?

자기애가 필요했던 거구나

엄마의 뒤늦은 공부와 나의 쇼핑 중독. 대상은 달랐다. 그러나 그 안에는 상처받은 감정을 치유하려는 '열망'이란 공통분모가 존재한다. 엄마와 나의 집착은 어른들의 공감을 원하는 아이들의 떼쓰기, 엉엉 울기 같은 성가신 감정 표현과 별반 다르지 않다. 어쩌면 엄마와 나는 성인이 되고도 여전히 공감이 필요하다고 외치고 있었던 건지도 모른다.

엄마는 대학원 졸업 후 동네 노인복지관과 동사무소에서 일어를 가르쳤다. 엄마는 정말 행복해 보였다. 그러나 밤이면 항우울제와 수면제를 복용해야 잠을 이룰 수 있었다. 엄마는 원하던 것을 다 이룬 것처럼 보였지만, 그것만으로는 충분하지 않았던 것이다. 옷장이 터져 나가도록 옷을 사다 나르던 내가 즐거워 보였지만 속으로는 늘 울고 있었던 것처럼.

논문 쓰는 것을 멈춰야 할 정도로 힘겹게 우울증 치료를 받는 동안, 엄마는 한 번도 내 아픔에 공감해주지 않았다. 내게 돌아온 건 차가운 평가였다.

"네 인생은 성공하지 못했어."

엄마의 말을 듣고 일주일을 앓아 누웠다. 그때 깨달았다. 그 한마디에 앓아 누울 정도로 난 평생 엄마의 인정을 갈구하고 있었구나.

정신이 번쩍 들었다. 내겐 엄마의 인정이 아니라, 나 스스로 있는 그대로의 나를 사랑해주는 자기애가 필요했다. 논문을 써서 남들이 다 부러워하는 사회적 지위를 얻지 못하더라도, 그로 인한 부모님 인정을 받지 못하더라도, 난 이미 소중한 사람인 것을 몰랐다.

그렇다고 엄마를 미워한 건 아니다. 엄마를 이해하지 못하는 건 아니니. 다만 어린 시절 모진 말로 언니와 날 키운 건 엄마의 실수가 아닐까. 사과를 할지 말지 결정하는 것은 엄마의 몫이다. 그러나 엄마는 사과하기를 거부했다.

"왜 이제 와서?"

엄마의 이런 태도에 나는 이렇게 맞섰다.

"아니, 이제서야."

평생 엄마 말 잘 듣는 착한 딸로 살았지만, 더 이상 물러설 수 없었다. 엄마의 견고한 벽 앞에서 고심 끝에 수첩을 펼쳤다. 하고 싶은 말을 수첩에 쓸 정도의 자유는 존재했으니까. 수첩에 무슨 말을 쓰든 펜을 놓을 때까지 아무도 막지 않을 테니까.

엄마. 엄마도 공주가 되어본 적이 없었지요? 할머니가 뭐라고 하셨든, 엄마는 공주가 될 자격이 있는 사람이에요. 그걸 덮어두려고만 하지 말고 내면의 자신과 화해하는 게 어떠세요?

그리고 제게 정식으로 사과해주세요. 공주가 될 자격이 있었던 엄마의 둘째 딸에게 따뜻하게 말하지 못해서 미안하다고. '그때 엄마가 잘해보려고 그랬다', '네가 너무 예민한 것일 뿐이다', '너는 원래 성격에 문제가 있었다'라는 말로 회피하지 마세요.

엄마, 딸에게 사과한다고 해서 엄마로서의 인생이 실패하는 건 아니에요. 오히려 실수를 인정하지 않고 사과하지 않는 게 성공하지 못한 엄마 아닐까요. 할머니는 엄마에게 사과하지 않고 돌아가셨지만, 엄마는 더 나은 엄마가 되어주세요. 할머니보다 나은 엄마. 그게 엄마가 진정 원하셨던 거니까요.

엄마에게 이 수첩을 보여드릴 기회는 없었다. 그러나 이렇게 마음을 털어놓은 뒤로, 옷에 집착하던 어그러진 나를 버리고 새로운 시작을 할 수 있었다.

"미안해요. 나도 어쩔 수 없어요. 옷을 무엇보다 좋아하니까요."

이제 난 노래 〈도레미파솔라시도〉 속 화자를 부러워하지 않는다. 옷을 좋아하는 내 모습을 더 이상 부끄러워하지 않기로 했다. 누구를 만나든 옷을 좋아한다고 당당히 말하려 한다. 억눌린 내 모습을 보여주던 과한 공주풍 옷도, 핑크 샤넬백 사진도 미련 없이 옷장에서 내보냈다.

그 후 몇 년이 지났다. 옷장에는 핑크 아이템이 다시 하나둘 늘어나고 있다. 어느 날은 핑크색 스트랩 시계를 차고, 어느 날은 핑크색 머플러를 두르며, 어느 날은 핑크색 코트를 입는다.

"엄마, 있는 그대로의 나를 사랑해줘."

과거에 핑크색 옷을 입으며 무의식중에 했던 말 대신, 이제 난 이렇게 말한다.

"최유리, 있는 그대로의 너를 사랑해."

난 나로 인해 하루하루 공주가 되어간다. 누구나 한 번은 공주가 되어야 한다.

패션의 완성은 얼굴이 아니었다

부러웠던 샤넬백

"유리 고객님, 이번 달 후기 퀸이 되셨어요! 5만 포인트 적립해드릴게요."

단골 쇼핑몰 사장님의 전화였다. 수화기 너머의 세련되고 예쁜 목소리. 숨이 멎을 뻔했다. 상품 후기가 뽑힌 것보다 그녀와 잠시나마 이야기를 나눴다는 게 더 좋았다.

어느 논문을 읽어야 하느냐는 질문보다 그 옷 어디서 샀느냐는 질문을 더 많이 받던 나. 나는 꽤 오랫동안 대학원을 다니고도, 늘 겉돌았다. 제발 정신 차리고 논문 써서 자리 잡으라는 말을 심심찮게 들어야 했지만, 이상하게도 난 먼저 교수가 된 선배들이나 사회적으로 존경받는 교수님들을 부러워한 적이 없었다.

그때 내가 남몰래 동경하고 있던 사람은 단골 쇼핑몰 사장님이었다. 패션은 내게 평생 허락되지 않은 짝사랑이었지만, 패션을 업으로 삼은 그녀는 당당히 패션을 누리고 있었다. 비싼 차, 고급 리조트가 어우러진 사진 속에서 늘씬한 몸에 멋진 옷을 걸치고 미소를 지어 보이던 그녀. 그녀가 사는 세계는 완벽 그 자체였다.

그녀를 닮고 싶었고 그녀의 세계에 들어가고 싶었던 난 사진 속 그녀의 옷을 하나씩 사 모았다. 그런데 아무리 옷을 많이 사도 내 삶은 여전히 그대로일 뿐, 옷장만 비좁아져 갔다.

'역시 패션의 완성은 샤넬백이야.'

사진 속 그녀가 항상 들고 있던 샤넬백. 그녀의 세계에 들어가기 위해 내게 필요한 건 샤넬백이었다. 그녀가 파는 예쁜 옷과 아찔한 구두를 사고도 내 삶이 불완전한 것은 샤넬백이 없기 때문인 것 같았으니까. 그것만 있으면 내 삶도 그녀의 삶처럼 반짝반짝 빛날 것 같았다.

몇 년 후 나는 마침내 샤넬백을 손에 넣었다. 날아갈 듯이 기뻤다. 그러나 그건 딱 한 달이었다. 현실은 서서히 그 모습을 다시 드러냈다. 샤넬백을 갖고도 내 삶은 텅 빈 그대로였다.

'샤넬백이 겨우 이런 거였나.'

그걸 깨닫고도, 난 삶에 대한 진지한 성찰은 덮어둔 채 내 삶을 바꿔줄 다른 뭔가를 찾아 헤맸다. 끝내주는 논문과 사회적 지위. 그건 나를 드러낼 용기가 없었던 내가 주위의 기대에 부응하고자 택한 타협이자, 내게 패션을 공식적으로 허락해줄 자격이었다.

'교수만 되면 비싼 옷을 사도 뭐라 하는 사람은 없겠지.'

사회적 지위를 얻은 소비주의의 승자. 목표가 확실해지자 처음부터 연구 체질이었던 것처럼 논문을 쓰는 데 모든 에너지를 쏟아 부었다. 그러다 문제가 생겼다. 학회지에 제출한 논문이 게재 불가 판정을 받은 것이다. 충분히 극복할 수 있는 어려움이었지만, 의지는 순식간에 증발해버렸다. 논문 그 자체가 목적이었던 적이 없었기 때문이다. 그 후 나는 아무 것도 하지 않았다.

내 인생을 바꾼 한 장의 사진

그렇게 1년을 흘려보냈을 즈음, 학회에 가기 싫어 들어간 어느 사진 전시회에서 내 인생을 바꾼 한 장의 사진을 만났다. 그곳에는 20세기 중반 최고의 권력가, 배우, 예술가들이 점프하는 순간의 모습들이 전시되어 있었다. 이런 동작을 취하도록 한 것은 화려한 외면 너머의 내면을 포착하기 위한 작가 필립 할스먼의 전략이었다. 뛰어오르는 순간, 모델은 몸의 균형을 잃고 자신의 진짜 모습을 드러낸다. 작가는 사진 속 모델의 말과 표정, 포즈를 예리한 시선으로 파악해 그것을 그들의 생애와 연관 지어 표현했다.

전시장을 절반 정도 돌아보았을 무렵, 1950~1960년대를 대표하는 세 여배우 마릴린 먼로, 그레이스 켈리, 오드리 헵번의 사진이 나를 맞았다. 필립 할스먼은 이들 세 사람을 "사랑에 철저히 실패한 세 여자"라고 소개했다. 불우한 어린 시절을 보낸 이들은 행복한 삶을 꿈꾸며 사랑을 찾아 나섰다. 타고난 외모 덕분에 이들은 모두 큰 어려움 없이 이성을 만날 수 있었지만, 그것이 행복을 보장해주지는 않았다. 점프한 순간 드러난 모습이 달랐던 것처럼 이들 세 여성은 다른 사랑을 하고 다른 인생을 살았다.

가장 먼저 소개된 마릴린 먼로. 그녀의 사진 속에는 끊임없이 사랑을 갈구하는 가짜 모습이 있었다. 상처 가득한 내면을 들킬까 봐 두려워했던 그녀는 점프한 순간에도 관능이란 가면을 꼭 붙잡고 있었다. 진짜 자신을 숨겼기에 진짜 사랑을 만날 수 없었고, 그녀는 불행하게 삶을 마쳤다.

다음은 그레이스 켈리. 장난스러운 표정을 지으면서도 조심스러운 몸짓으로 우아함을 버리지 않는 모습이다. 누구든 자신을 사랑할 수밖에 없다는 도도함으로 무장했던 그녀는 동화 속 공주님이 되는 길을 택했다. 그녀는 죽을 때까지 자신의 불행을 감추며 살았다.

마지막은 오드리 헵번. 그녀의 사진을 본 순간, 나도 모르게 조용히 탄성을 질렀다. 우아한 여배우의 모습은 없었다. 대신 1초도 망설이지 않고 맨발로 경쾌하게 날아오른 천진한 소녀가 있었다. 그녀의 청량한 웃음은 사진을 뚫고 나와 이렇게 말했다.

"난 있는 그대로의 내가 하나도 부끄럽지 않아!"

샤넬백도 고급 차도 없는 사진이었지만 눈부시게 아름다웠다. 정체 모를 눈물이 흘러 내렸다. 30년 넘게 나를 숨기기만 했던 내게 그 사진은 충격이었다. 한참 동안 멈춰 있던 내 눈은 그녀의 생애에 대한 필립 할스먼의 평가로 향했다.

"그녀는 행복을 포기하지 않았기에 두 번 이혼했지만 마침내 행복해질 수 있었고, 죽는 순간까지도 행복했다."

심장이 강하게 뛰었다. 행복해지고 싶었다. 내 안에선 그녀를 닮고 싶다는 열망이 솟구쳤다. 그녀처럼 유명해지고 싶다거나 늙어서도 날씬함을 유지하고 싶다는, 그런 것이 아니었다. 나를 두근거리게 한 것은 그녀의 건강함이었다.

그날 나는 그 사진을 휴대폰 배경 화면으로 저장했다. 이런 저런 이유로 무너지려 할 때마다 사진을 보고 또 보며, 언젠 가 나도 그녀처럼 행복해질 거라 믿기로 했다. 그런데 한 가 지 질문이 머릿속에 남았다.

'오드리 헵번을 닮기 위해 나에게 필요한 건 뭘까?'

자신의 운명을 바꾼 오드리 헵번

몇 달 후, 반가운 소식을 접했다. 오드리 헵번 사진전이 열 린다는 것이다. 전시회 제목은 '아름다움 그 이상의 아름다움 Beauty beyond Beauty'. 난 다시 그녀를 만나러 갔다.

전시장에 들어서자, 어린 오드리를 에워쌌던 2차 세계대전 당시 네덜란드의 고통과 공포, 슬픔과 분노를 마주했다. 거리 에서 즉결 처형이 일어나고 시체가 사방에 널려 있던 그곳에 서 오드리는 힘겨운 나날을 보냈다. 그러나 놀랍게도 흑백사 진 속 소녀의 표정에서는 그늘이 보이지 않았다. 소녀는 레지 스탕스 후원 모금을 위한 발레 공연에서 눈을 빛내며 춤을 췄 고, 모든 배급이 끊겨 체력을 아껴야 했을 땐 하루를 살아서 보낼 수 있음에 감사하며 엎드려 그림을 그렸다.

전쟁이 끝난 뒤에도 오드리의 가족은 가난했다. 하지만 소녀는 삶을 즐기는 법을 알았다. 엄마가 오케스트라 시즌권을 구해줬을 땐 차비가 없어 걸어 다녀야 했지만 한 번도 공연을 놓친 적이 없었다. 저렴한 옷을 수선해 입으면서도 친구들이 부잣집 딸로 오해할 만큼 스타일이 뛰어났다.

10대 후반이 되자 어렵게 발레 스쿨에 입학할 기회를 얻었지만, 그녀는 어린 시절부터 품어온 발레리나의 꿈을 포기해야 했다. 전쟁 중 교육 시기를 놓쳐버려 기본기가 부족한 데다 큰 발과 큰 키가 발레에 부적합하다는 판정을 받은 것이다.

그러나 그녀는 절망이 아닌 희망을 보려 했고, 자신의 운명을 바꾸었다. 그녀는 학비를 벌기 위해 모델 아르바이트를 했던 경험을 살려 공연 무대에 서는 기회를 잡았다. 그리고 그것을 발판으로 몇 편의 영화에 단역으로 출연했다. 이런 과정을 거쳐 결국 그녀는 〈로마의 휴일〉 주인공으로 캐스팅되었다.

데뷔와 동시에 스타가 되었지만, 다른 여배우와 그녀를 비교하는 대중과 언론의 시선은 곱지만은 않았다. 당시 할리우드에서는 풍만하고 육감적인 금발 여배우들이 각광받았다. 그녀는 눈이 크고 지나치게 말라 성적인 매력이 없는 자신이 예쁘지 않다고 생각했다. 그러나 다른 여배우를 따라하거나 자신을 비하하기보다 있는 그대로의 자신을 사랑했다.

"단점을 숨기지 말고 장점으로 바꾸려는 노력이 필요
해요."

나는 그녀에게 한 번 더 반했다. 출연작 영상을 보기 위해
전시장 내의 작은 상영관으로 들어갔다. 역시, 그녀의 우아함
과 기품 있는 모습에서 예뻐 보이려 애쓰지 않는 진솔함이 보
였다. 특히 영화 〈로마의 휴일〉 속 앤 공주의 모습에선 빛이
났다. '당대 최고 디자이너 지방시의 드레스 때문이 아닐까?'
이렇게 결론을 내릴 즈음, 상영관 밖에서 같은 드레스를 입은
마네킹을 보았다. 이상했다. 그녀의 몸을 떠난 드레스는 빛이
나지 않았다.

'패션의 완성은 얼굴'이라는 말이 '참'임을 증명하듯, 지방
시의 드레스를 살려준 건 오드리 헵번의 앳되고 예쁜 얼굴이
었다. 그러나 곧 이 생각은 달라졌다. 구호 활동 중이었던 노
년의 오드리와 마주쳤기 때문이다. 사진 속의 그녀는 나이가
들어 탄력을 상실한 얼굴이었지만 패션은 여전히 탐이 날 정
도로 멋졌다.

그럼 무엇이 오드리 헵번의 패션을 완성시킨 걸까? 사진
속 그녀의 패션을 분주히 훑던 나의 시선은 그녀의 내면으로

향하기 시작했다. 그녀의 삶을 조금 더 따라가 보기로 했다. 그녀가 엄마가 된 후 가족과 함께했던 스위스의 집 '라 파지블' 모형에 들어갔다. 아무도 따를 자가 없었다던 브라우니 레시피와 가족들과 주고받은 편지를 보던 내 얼굴엔 천천히 미소가 번졌다. 그곳에 배우 오드리 헵번은 없었다. 전쟁의 고통이 없는 곳에서 가족들과의 소박한 행복을 바라는 그녀 자신만 있었다.

유명세에 갇혀 살았던 마릴린 먼로나 그레이스 켈리와 달리, 오드리 헵번은 유명세를 반기지 않았다. 자신의 삶을 지키기 위해서였다. 그럼에도 전쟁과 기아로 고통받는 아프리카 어린이들을 돕기 위해서는 자신이 평생 떨쳐내고자 했던 유명세를 적극적으로 활용하기로 했다. 어린 소녀 오드리가 겪었던 고통이 반복되어선 안 된다는 사명 때문이었다. 주름이 자글자글한 얼굴로 대중 앞에 다시 서야 했지만, 그녀는 부끄러워하지 않았다. 그녀는 따뜻하고 단호하게 자기 목소리를 냈다.

하늘 높이 점프한 바로 그 순간처럼, 그녀는 삶의 모든 순간 자신을 드러내는 데 망설임이 없었다. 오드리 헵번은 성공한 여배우이기 이전에 세상이 정해놓은 규칙에 굴하지 않고 자기 길을 걸어간 한 명의 인간이었다.

오드리 헵번은 평생 자기 자신으로 살았다. 그리고 세월이 흐를수록 아름다운 사람이 될 수 있었다.

샤넬백은 처음부터 필요하지 않았다

'패션의 완성은 얼굴이다.', '패션의 완성은 몸매다.'

패션이 무엇으로 완성되느냐에 관한 논쟁은 꽤 오랫동안 진행 중이다. 모나코의 왕비가 된 그레이스 켈리는 아름다운 얼굴의 소유자였고, 20세기 최고의 섹스 심벌인 마릴린 먼로는 관능적인 몸의 소유자였다. 이 두 사람이 시대를 초월한 패션 아이콘이라는 것은 그 누구도 부인할 수 없는 사실이다.

그런데 오드리 헵번에게서 나는 패션의 완성이 얼굴도 몸매도 아니라는 것을 보았다. 그녀는 패션 때문에 자신의 정체성을 버린 적이 없었다. 타인의 시선이나 유행보다 자신의 의지와 확신을 따랐다. TV 드라마 〈언제나 둘이서〉에서는 당시 미국 중산층 여성들의 암묵적인 스타일 규칙을 따르지 않고 직접 고른 기성복으로 새로운 스타일을 만들어냈다. 두 번째 결혼식 때는 동네 옷 가게에서 샀나 싶을 정도로 발랄한 핑크색 저지 미니 드레스를 입었다.

그녀는 패션 아이콘이 되려 하기보다 자기 자신이 되려 했다. 자신을 믿고 사랑한 그녀의 건강함. 그것이 그녀의 얼굴과 그녀의 눈빛, 그리고 그녀가 입은 옷까지 빛나게 해주었던 게 아닐까. 패션의 완성은 얼굴도, 몸매도, 그리고 내가 선망했던 샤넬백도 아니었다. 패션의 완성은 자존감이었다.

오드리 헵번의 사진은 다른 세계로의 초대장이었다. 그녀의 세계에 들어가기 위해 필요한 건 나 자신을 존중하는 마음이었다.

그 후로 '억지로 모범생' 가면 뒤에 숨어 살던 나를 꺼내기로 했다. 조용한 도발이 시작됐다. 나는 나로 커밍아웃하기로 했다. 샤넬백은 처음부터 필요하지 않았다. 있는 그대로의 나를 입는 사람, 트렌드와 상관없이 내 옷을 입는 사람, 그래서 무슨 옷을 입든 빛나는 사람. 난 그런 사람이 되기로 했다.

임용되지 않아서 다행이다

교무실의 드레스 코드

2002년부터 5년간 나는 사립 고등학교 기간제 교사로 일했다. 그러다 마지막으로 근무한 학교에서 계약 연장 불가 통보를 받고 3년간 휴학 중이던 박사 과정에 복학했다. 안 그러면 제적을 당할 형편이었기 때문이다. 그렇게 등 떠밀려 대학으로 돌아갔다. 5년간 전임 교사로 임용되기 위해 꽤 애를 애썼지만, 완벽히 실패한 거다. 대학원 연구실에서 멍 때리는 순간이 올 때마다 실수의 연속이었던 지난 5년을 돌아보며 자책했다.

'사회생활이라곤 하나도 몰랐던 내 철없음이란⋯⋯.'

그중에서 가장 한심했던 건 교무실의 드레스 코드조차 제대로 맞추지 못했다는 거다. 퇴근 후 마음 맞는 또래 기간제 교사들과 쇼핑할 때, 우린 늘 이런 말을 주고받았다.

"이 옷 예쁘다. 근데 학교에 입고 가도 될까?"

"내가 이 옷 입고 내일 '안녕하세요?'라고 인사하면 부장님이 어떤 표정을 지으실까?"

"이 옷은 학교에 입고 가기엔 좋은데, 너무 심심하네. L 선생님 갖다 드리면 좋아하겠는데."

암묵적으로 공유되는 교무실의 보수적인 드레스 코드는 늘 우리의 농담거리였다. 우린 그걸 따를 수밖에 없다는 것을 잘 알았다. 아침마다 옷장을 뒤적여 회색 스커트, 검정 스웨터, 검정 재킷을 꺼내 입을 때면 늘 한숨이 나왔다.

'아, 재미없어.'

튀지 않는 옷을 입어야 살아남을 수 있는 현실, 그리고 그걸 따를 수밖에 없는 무력함. 어쩌다 마음대로 앵무새 깃처럼 화려한 옷이나 공주풍 옷을 입고 출근하면 교무실에선 따가운 시선을 피할 수 없었다.

"이 옷 어디서 샀어? 정말 예쁘다."

누군가 중년 여교사 룩의 전형을 보여주는 새 옷을 입고 출근하면, 유사한 옷을 입은 무리가 몰려들어 주인공을 둘러싸고 칭찬을 아끼지 않았다. 교무실 아웃사이더였던 난 그 풍경을 속으로 비웃었지만, 그 자리에서 정작 비웃음의 대상이 되었던 건 공주풍 옷을 입은 나였다. 새 옷의 주인공은 교무실의 드레스 코드를 충실히 따랐다는 것만으로도 충분히 인정받을 자격을 얻었다.

답답함을 풀기 위해 주말에 외출할 때마다 최대한 화려하게 꾸몄다. 컬러렌즈, 퍼 장식이 화려한 보라색 니트, 반짝이 스커트, 망사 스타킹. 그야말로 과했고, 일종의 일탈이었다.

직장에서 요구하는 보수성을 잠깐이나마 털어내기 위함이었을까. 직장 내 드레스 코드가 무엇이든 그것으로부터 분리되고 싶어 하는 시도였을까.

모든 직장에는 암묵적 드레스 코드가 존재한다

박사 과정 학생으로 돌아와 시간강사 일을 병행할 때, 내가 맡은 강좌는 교수법이었다. 예비 교사들이 필수적으로 이수해야 하는 교수법의 한 학기 커리큘럼은 대개 전반부 강의와 후반부 조별 수업 시연으로 구성된다. 수업 시연은 발표자가 평상복 차림으로 40~50분간 실제 수업처럼 발표하는 형식으로 진행한다. 그런 뒤 담당 강사와 나머지 학생들이 형식과 내용에 대해 피드백한다.

　나는 학생들에게 수업 시연을 실제 수업 상황으로 가정하고 발표 차례인 조원들 모두 출근 복장으로 출석할 것을 공지했다. 대학생인 그들이 교사로 임용되었을 때 옷 입기가 쉽지 않다는 것을 알려주고 싶었기 때문이다. 내가 범한 초보 교사의 실수를 학생들이 교육 현장에서 피할 수 있도록 돕고 싶었다.

　예비 교사였을 때 나는 사범대 교육 과정에서 교무실의 드레스 코드에 대한 어떠한 지식이나 노하우도 접하지 못했다. 눈치껏 보수적으로 입어야 하는 분위기를 제대로 알지 못했고, 교사가 된 후 나의 취향과는 거리가 먼 교무실의 드레스 코드와 부딪칠 수밖에 없었다. 이런 이유로 내 학생들에게만큼은 교무실의 드레스 코드를 꼭 알려주고 싶었다. '암묵적 지식'으로만 존재해왔던 걸 누군가는 '명시적 지식'으로 알려야 할 필요가 있다고 생각했다.

　어떤 강좌에서도 이런 내용을 접해보지 못했던 학생들은 적잖게 당황했다. 생각했던 것보다 복장 갖추기를 더 어려워했지만 이내 강의실에서 이런 주제로 토론을 한다는 것을 흥미로워했다. 학생들은 곧 호기심 보따리를 풀어놓았다.

　"셔츠에 노란색 조끼를 겹쳐 입어도 될까요?"

　"치마 길이는 어디까지가 좋을까요?"

　"청바지 입고 출근해도 될까요?"

"지퍼 달린 카디건은 괜찮을까요?"

그때 내 입에서 나온 답변은 대충 이랬다.

"글쎄, 최대한 보수적으로 격식을 갖춰 입는 게 안전해요. 그렇지만 학교마다 교무실 분위기가 조금씩 다르기 때문에 분위기를 먼저 살펴보는 것이 좋습니다. 만약 조금 자유로운 분위기라면 여유를 발휘해도 됩니다. 가장 좋은 방법은 다른 선생님들이 입는 대로 따라하는 겁니다. 가끔 연세 드신 선생님들이 자유롭게 입기도 하는데 이를 따라하는 건 추천하지 않습니다."

학생들 앞에서 이렇게 힘 빠지는 말이나 하는 나 자신이 싫었지만 그게 딱 현실의 정답이었다.

어느 직장에서든 암묵적으로 합의된 드레스 코드가 존재한다. 한 사회에 갓 진입한 사람이 해야 할 일 중 하나는 소속된 사회의 암묵적 드레스 코드를 최대한 빨리 파악해 자신의 개성과 절묘하게 절충시키는 것이다. 직장을 떠난 직후에는 내게 부족했던 것이 그 절충 능력인 줄 알았다. 그래서 내가 익힌 직장 생활의 노하우를 거울 삼아 학생들에게 그 절충 방법을 알려주려 했다. 그러나 정작 내가 부족했던 것은 절충 능력이 아니었다. 그보다 더 중요한 것을 놓치고 있었다.

부족했던 건 절충이 아니라 정체성 탐구

내게 부족했던 건 정체성 탐구였다. 박사 과정 학생으로 돌아와 5년이 흘렀을 무렵, 우울증을 떨쳐내기 위해 정체성 탐구의 시간을 가졌다. 이런저런 탐구 끝에 찾아낸 내 정체성은 자유로운 영혼, 보헤미안이었다.

보헤미안은 사회가 정해놓은 틀을 거부하는 사람들이다. 설사 그 틀이 안전망이라 할지라도 슬그머니 빠져나오려 하는 것이 보헤미안의 속성이다. 틀에 자신을 맞추는 것을 꺼리지 않는 것은 그 틀과 신념이 일치할 때뿐이다.

정체성 탐구를 간과한 채 일하던 그때, 난 교사라는 직업이 나와 잘 맞는다고 착각했다. 사실 나는 가르치는 걸 좋아한다. 그러나 가르치는 것보다 기존 틀을 깨는 내 생각을 나누는 걸 더욱 좋아한다. 지금도 나만의 생각을 이야기할 때면 나도 모르게 손동작이 커지고 눈이 빛난다.

수업 시간에 나는 교과서를 그대로 가르치기보단 다르게 가르치려고 노력했다. 학생들은 내 옷차림에서 그런 생각을 읽어냈고 신선하게 받아들였다. 덕분에 내 수업은 꽤 인기가 있었다. 아이들은 교과서에서 사회과학자들의 연구 방법을 의미도 모른 채 배워야 했다. 몇 년간 사회문화를 가르치면서 무작정 외우기만 하는 아이들이 안타까웠다. 나는 아이들에게 '탐구'의 재미를 소개하고 싶었다. 연구 수업도 아닌데, 아이들이 사회과학자들처럼 직접 가설을 세우고 설문조사를 해서 결론을 도출해내도록 수업을 이끌었다. 그 수업을 진행하는 몇 주 동안 아이들은 기대 이상의 열정을 보였다. 그때 부장님이 나를 불렀다.

"젊은 선생이 뭔가 해보려는 거 나도 이해해. 근데 애들 대학 못 가면 최 선생이 책임질 거야?"

학생들이 좋아하는 수업, 그런 건 중요하지 않았다. 튀는 옷을 입은 풋내기 교사가 색다른 수업을 시도하는 걸 학교에선 곱게 보지 않았다. 따가운 시선과 무언의 질타는 내 옷과 나란 사람에 대한 냉정한 평가였다.

"최 선생한테 교사는 안 어울려. 그러기엔 너무 튀잖아."

비교적 가깝게 지내던 선배 교사가 애정 어린 농담을 던졌다. 그분 눈에는 보였던 거다. 교사라는 직업과 내 정체성에는 좁힐 수 없는 간극이 존재한다는 것이.

아마도 더 노력했더라면 절충할 수도 있었을 거다. 그런데도 절충하려고 노력하지 않았던 것은 직업 정체성과 자아 정체성 사이에 존재하는 간극을 무의식중에 인지하고 있었기 때문이다. 드레스 코드 하나 못 맞췄던 내 철없음은 철없음이 아니었다. 그건 나와 맞지 않는 곳에서 일하며 빚어진 내 안의 소용돌이였다.

좋은 직업의 기준

"서울대 출신인데 기간제 교사야?"

매년 임용될 기회가 있었지만 나는 임용된 적이 없다. 학교를 옮겨 다니던 난 어느새 '서울대 루저'가 되어 있었다. 조롱 섞인 시선과 그로 인한 모멸감 속에서 난 점차 집단에 속하기를 애쓰는 사람이 되어갔다. 기간제 교사라 당연했던 이런저런 부당함은 그냥 참아 넘겼다.

그땐 빨리 '좋은 직업'을 가진 사람이 되고 싶었다. 내가 원했던 건 불안한 미래에 대한 걱정을 해결하는 것, '루저'가 아님을 증명하는 것, 제발 정신 차리라는 주위의 오지랖에서 벗어나는 것이었다. 어쩌면 내게 정규직의 '좋은 직업'은 나에게만 없어 섭섭한 루이비통 백 같은 거였다.

그러나 임용되지 않은 건 다행이었다. 그곳에서 나오고 나서야 깨달았다. 오랜 역사를 자랑하는 예쁜 캠퍼스의 모 학교는 그저 예쁜 감옥에 불과했다. '성골'인 그 학교 출신자와 '진골'인 같은 재단 대학 출신자가 대접받는 그 사회에서 나는 '6두품'에 불과했다.

그럼에도 난 임용고사에 응시한 적이 없다. 단지 그런 게 서러워 공립학교로 가는 것은 또 내키지 않았다. 동료 기간제 교사가 전임으로 임용되거나 대학 동기들이 하나둘 공립학교에 발령받아도 보고만 있었다. 왜 그랬을까?

시간이 더 흐르고 나서야 알았다. 내가 진짜 원한 건 단지 '루저'를 벗어나 안정을 찾는 게 아니었다. 돌아보면, 나는 학교라는 직장을 좋아한 적도, 교사라는 직업을 좋아한 적도 없었다. 학교는 평생 있고 싶은 직장이 아니라 단지 집세와 생활비를 충당해주는 고마운 수단일 뿐이었다. 그곳에서 나는 나일 수 없었다. 행복하지 않았다. 교사라는 직업은 내 업이 아니었다.

좋은 직장에서 행복하지 않음을 인정하는 것은 내가 누구인지 성찰할 수 있는 출발점이었다. 직장의 드레스 코드에 무작정 맞출 수 없는 불편함, 혹은 그것에 억지로 맞춰가는 자신을 보며 느끼는 못마땅함. 그것은 선생님이라는 직업이 나와 맞지 않다는 것을 보여주는 단서였다. 그러나 난 남들에게 보이기 좋은 직업에 눈이 멀어, 알면서도 그 단서를 무시했다.

'좋은 직업'이란 남들에게 인정받는 직업이 아니라 나다움을 발휘할 수 있는 내 업이다. 그것을 몰랐기에 박사 과정 학생으로 돌아와서도 좋은 직업을 얻으려 애썼다. 좋은 직업이 뭔지 몰라 눈앞의 불편함을 피하는 데 급급했다. 그 결과 평생 경험해본 적 없는 우울증이라는 육중한 고통과 마주해야 했다. 처음으로 죽음을 떠올렸다. 그런데 막상 죽으려니 불행하게 살다가 그냥 죽는 건 뭔가 억울했다.

그때부터 1분 1초가 아까웠다. 좋아하지도 않는 일을 하면서 소중한 인생을 흘려보낼 순 없었다. 그 누구도 내 인생을 대신 살아주지 않는다. 내가 누군지도 알지 못하면서 주위에 '오지라퍼'들의 눈치를 보는 삶은 이제 그만하자 결심했다.

내 인생은 내 것이니까.

"박사 그만두신 거 후회하지 않으세요?"

30대 후반이란 적지 않은 나이에 나는 그동안 내가 해온 모든 일을 포기했다. 맛없지만 비싼 음식을 단지 음식값이 아깝다는 이유로 그냥 먹는 게 미련한 짓이듯, 내 업이 아닌 '좋은 직업'을 단지 아깝다는 이유로 평생 붙잡고 있는 건 미련한 행동이 아닐까? 더 늦기 전에 뒤돌아보지 말고 최대한 빨리 도전하면 남은 시간을 더 빨리 행복으로 채울 수 있다.

"어떻게 그렇게 꼭 맞는 일을 찾으셨어요?"

이런 질문을 받을 때면 '찾았다'기보단 '만났다'고 말한다. 우울증을 치유하기 위해 무작정 생각나는 대로 글을 썼다. 삶에서, 학교에서, 그리고 '루저'일 때조차 내가 배워온 것들이 글을 쓰면서 정리되었다. 그러자 내가 뭘 잘하고, 뭘 좋아하는지 보였다. '패션 힐러'라는 내 업은 이렇게 만났다.

난 선생님이라는 직업은 버렸지만 그 무엇도 버리지 않았다. 내가 살아온 과정 자체가 모두 지금의 나를 만들었다. 10년간 학생들을 가르친 경험이 없었다면 내향성에 외향성을 더할 기회를 얻지 못해 강사로 일하기 어려웠을 것이다. 다양한 학문을 공부하지 않았더라면 나만의 패션 철학을 정립하지 못했을 것이다.

특히 '루저'로서의 과거는 지워야 할 흑역사가 아니다. 그건 꼭 필요한 과정이자 축복이었다. 우울증을 경험해보지 않았더라면 누군가의 정체성을 찾아 자신을 표현하는 옷을 입도록 돕지 못했을 것이다. 서울대 루저가 아니었다면 엘리트주의에 갇혀 다양한 사람을 이해하는 시선을 갖지 못했을 것이다. 쇼핑 중독자가 아니었다면 '건강한 의생활'이란 가치를 만나지 못했을 것이다.

나는 과거 그 어느 때보다 치열하게 살아가고 있다. 이 모든 선택의 책임은 온전히 내 것이다. 이런 치열함 속에서 나다움을 잃지 않으려고 한다. 좋은 직업이란 남들에게 보이기 좋은 직업이 아니라 '나다움을 잃지 않게 해주는 업'이다.

임용되지 않아서 다행이다.

서울대 점퍼 후배님들, 부디!

대학생들의 과잠 사랑

우리나라처럼 학업 경쟁이 심한 사회에서 서울대는 상징적인 의미를 갖는다. 하지만 나에겐 그냥 우리 학교일 뿐이다. 96학번인 나는 박사학위를 포기하기 전까지 이래저래 20년간 이곳을 맴돌았다. 학교의 명성을 떠나 오랜 시간 이 학교에서 생활했던 사람으로서 하는 말인데, 서울대는 참 생활하기 불편한 곳이다. 불편함을 열거하자면 한도 끝도 없지만, 유독 추위를 많이 타는 내게 캠퍼스의 겨울은 해도 해도 너무했다. 학부 2학년 때, 3월 말 지하철에서 더플코트를 입은 사람을 보고 신기해하다가 나와 같은 곳에서 내리는 것을 확인하

곧 피식 하고 웃었던 기억이 생생하다.

박사 과정에 복학한 2007년, 학교 로고가 커다랗게 박혀 있는 야구점퍼가 교내를 점령하고 있었다. 예전에 보지 못한 풍경이었다. 무릎까지 오는 패딩이건 어그부츠건 동원할 수 있는 건 다 동원해도 모자랄 정도의 추운 날씨이건만, 후배들은 모자도 없고 엉덩이도 덮어주지 않는 짤막한 점퍼를 참 많이도 입고 있었다. 그로부터 10년도 더 지난 지금은 로고가 큼지막하게 박힌 롱패딩이 등장했다.

내가 출강하던 다른 대학도 사정은 마찬가지. 친절하게 소속 학과까지 박아 넣은 야구점퍼를 '과잠'이라 부르며 너도나도 참 열심히 입고 다녔다. 궁금했다. 따뜻하지도 예쁘지도 않은 점퍼를 왜 저리도 열심히 입는 걸까?

내 강의를 듣던 학생들에게 이유를 물어보았다. 그러나 누구 하나 명쾌한 이유를 말하는 사람이 없었다. 의문을 해소해주지 못하는 싱거운 대답 하나가 돌아왔을 뿐이다. "그냥 과잠 하나면 뭐 입을지 걱정 안 하고 다녀도 되니까요."

논문 쓰기를 중단하고 대학원 연구실에서 에세이를 쓰던 무렵, 분당에서 영어 학원을 운영하던 친구가 부탁을 해왔다. 단어 시험 100점 맞은 학생들에게 줄 상품으로 쓰려고 한다며 학교 로고가 박힌 학용품을 사다달라는 것이었다. 사범대

학에서 나와 기념품점이 있는 학생회관으로 가는 동안 역시
나 학교 로고가 박힌 야구점퍼를 입은 학생이 몇몇 스쳐 지나
갔다. 기념품점에 도착해 견학생을 위한 코너로 가서 지우개,
볼펜, 파일케이스, 노트를 플라스틱 바구니에 주섬주섬 담았
다. 뭔가 더 없을까 두리번거리던 중 한쪽 구석에서 학교 배
지를 발견했다.

'Veri Tas Lux Mea(진리는 나의 빛).'

성취하고 싶은 대상

내가 학부생이던 1990년대. 그땐 야구점퍼가 아니라 책가
방이 유행이었다. 당시 대학생들에게 가장 인기 있는 아이템
은 이스트팩과 잔스포츠 백팩이었다. 각 대학에서는 그와 비
슷한 디자인의 학교 이름이 박힌 책가방을 판매했고, 많은 대
학생이 이런 가방을 들고 다녔다. 그땐 하루에도 몇 번씩 지
하철에 탄 누군가의 등에서 학교 로고가 박혀 있는 가방을 볼
수 있었다. 난 학교 로고가 새겨진 가방 대신 잇 아이템인 이
스트팩 백팩에 학교 배지를 달았다. 'Veri Tas Lux Mea.'

학교 로고가 박힌 야구점퍼나 책가방은 어떤 '지위'를 마침
내 성취해냈다는 기쁨의 표현이라 할 수 있다. 1학년 때 난 서

울대를 "우리 학교"라고 부를 때마다 매번 감격하며 서울대 학생이 된 성취감을 만끽했다. 그러나 지금 생각해보면, 대학 시절 진정으로 성취한 건 아무것도 없다.

친구에게 학용품을 갖다 준 지 며칠 뒤, 메시지가 왔다. '샤' 자 정문이 빛나는 야경 사진을 담은 파일 케이스를 두고 학생들 사이의 경쟁이 치열하다고 했다. 아이들에게 '서울대 학생'이라는 지위는 아마 가장 성취하고 싶은 대상일 테고, 아이들은 사진 속 이미지로만 접한 '샤' 자 정문으로 어서 빨리 등교하고 싶은 마음일 것이라는 생각이 들었다.

순위로 줄지어진 대학 중 맨 앞에 놓인 학교에 들어가는 것이 인생의 목표였던 아이들. 나도 그런 아이들 중 한 명이었기에, 학교 로고가 크게 새겨진 가방과 야구점퍼가 그들의 성취를 기념할 어떤 보상이 될 수 있음을 부인하고 싶진 않다.

학교 로고가 주지 않는 기쁨

한일 월드컵의 열기가 뜨거웠던 2002년. 난 서울의 한 고등학교에서 기간제 교사로 일했다. 그때 만난 학생 중 지금도 연락하는 몇 안되는 제자 중에 S가 있다.

"선생님, 경제학은 정말 재미있는 것 같아요!"

S는 내가 대학 경제학 교과서를 발췌한 유인물을 나눠줬을 때 흥미롭게 읽고, 그것을 차곡차곡 모은 파일을 자랑하며 해맑게 웃던 소년이었다. 학교에서 화학 영재로 통할 만큼 탐구를 즐기던 S는 현재 외과 전문의가 되어 있다. 본과를 다닐 때만 해도 그는 내과를 지망했다. 그때 이유를 묻자, 알 수 없는 웃음과 함께 이런 대답이 돌아왔다.

"전 재밌는 것만 하니까요!"

몇 년이 지나 S가 레지던트 2년 차가 되었을 때, 우리는 오랜만에 만나 병원 근처에서 밥을 먹었다. S에게 왜 내과가 아닌 외과를 택했는지 물어봤다. S의 선택은 달라졌지만, 그 본질은 같았다.

"수술이라는 궁극의 즐거움을 누릴 수 있으니까요!"

잘 나가는 전공에는 애당초 관심이 없었고, 오로지 자신이 좋아하는 것을 발견해 즐겁게 일하는 기쁨을 누리고 싶다는 S. S의 의대 시절 얘기를 들으며 참 부러웠다.

"다양한 전공을 맛본 뒤에 선택할 수 있다는 점에서 의대는 참 괜찮은 곳 같아요." S는 전공을 택하기 전 얼마 동안 탐색하는 과정이야말로 자신이 의대에서 누린 가장 큰 특권이라고 말했다. 병원에 긴급 상황이 발생하는 바람에 얘기를 얼마 나누지 못하고 헤어졌지만 집으로 가기 위해 강변북로를 탔을 즈음, 나는 운전석에 앉아서 입꼬리를 올렸다.

'S는 행복한 소년이구나.'

내가 만난 제자 중에는 S 말고도 이젠 친한 여동생이 되어 버린 Y도 있다. 2005년, 고등학교 2학년 이과 반에서 사회문화라는 그다지 중요하지 않은 과목을 가르치던 난, 수업 중 Y가 커다란 거울로 자신의 얼굴을 살피는 것을 보았다. 나는 Y의 거울을 압수했다. Y는 학교에서 뛰어난 성적을 자랑하던 학내 유명 인사였다. 당시 정체불명의 무서운 선생님으로 통하던 내게 Y는 겁 없이(?) 거울을 받으러 왔다. 총명함과 미모 모두 놓치고 싶지 않아 하던 Y의 욕심 많은 모습은 선생님들의 관심을 한몸에 받아 콧대가 높던 나의 여고 시절 모습 같았다. 나는 Y에게 거울을 돌려주며 따끔하게 말했다.

"난 너를 잘 모르지만, 내가 보기에 넌 똑똑한 학생인 것 같아. 근데 그렇게 너 잘난 맛에 매 순간 집중하지 않으면 네가 원하는 대학엔 절대로 갈 수 없을 거야."

학교에서 칭찬만 받아온 Y는 내 말에 자존심이 상한 듯했다. 그러나 1년 동안 사회문화 수업을 들으며 Y는 나의 열성 팬이 되었고, 다음 해 열심히 노력한 결과 서울대 ○○공학과에 합격했다. '성취'의 기쁨에 도취되어 있는 Y에게 나는 다른 선생님들이 건넸을 축하 인사와는 반대되는 말을 던졌다.

"Y야, 너 그 과가 뭐하는 곳인 줄은 아니? 난 그 과가 너랑 안 맞을 것 같아. 입학 원서 쓰기 전에 왜 나한테 상의하러 오지 않았어?"

그러나 Y는 서울대 로고를 차지했다는 성취감을 즐기느라 내 말을 흘려들었다. 몇 년이 지나 Y가 3학년이 되었을 때, 나는 Y에게 다시 오지랖을 떨었다.

"졸업하면 뭐 할 거니?"

Y는 선뜻 답하지 못했다. Y는 욕심이 많았다. 한 가지 길을 선택해야 하는 데 좋은 건 다 하고 싶어 했다. 유학을 다녀와서 교수도 되고 싶고, 아이 셋을 둔 엄마도 되고 싶다던 그녀는 결국 졸업 후 업계 최고 연봉을 자랑하는 대기업에 입사했다. 그 회사에서 Y가 무엇을 경험했는지 자세히는 알 수 없지만 그녀의 머릿속에는 한 가지 생각만 가득했다고 한다.

'이건 아니다!'

스펙과 연봉 뭐 하나 부족한 게 없었던 Y에게 부족했던 건 '좋아하는 일에서 오는 행복'이었다. Y는 주위의 아쉬움과 우려를 뒤로 한 채 2년 만에 사표를 던지고 교대에 입학했다. 그녀는 남들이 가장 부러워하는 위치에서 '나는 누구인가'라는 질문을 던졌다. 갓 30대에 접어든 두 제자는 서로 다른 삶의 모습으로 내게 같은 말을 하고 있었다.

'남들이 선망하는 학교 로고, 그리고 세상의 인정이 곧 행복을 의미하는 것은 아니다.'

어린 나이에 진정한 자아를 파악했던 S는 스스로 행복해질

수 있는 일을 하며 돈까지 버는 길을 오랜 방황을 거치지 않
고 찾아냈다. 비록 3수의 이력은 있지만 행복한 소년 S는 그
런 점에서 운이 좋았다고 말할 수 있다. Y는 최고라는 말을 듣
는 회사에서 행복하지 않은 자신의 모습을 고민하다가 정체
성 탐구를 시작했다. 그녀의 질문은 현재 진행형이지만 Y는
자신이 버린 로고들이 하나도 아깝지 않다고 했다. 그녀에게
일류대와 대기업이라는 로고는 이미 값을 다 치러버린 지루
한 영화 티켓 같은 '매몰비용'일 뿐이다.

두려운 로고 버리기

2015년 3월 어느 날, 학교 안 작은 카페에서 책을 읽고 있
었다. 그때 옆 테이블에 앉아 있는 여학생들의 대화가 들렸다.
이제 막 4학년이 된 영어교육과 학생들이었다. 유학도 다녀
오고 싶고, 다녀와서 어떻게 될지 모르니까 임용고사도 봐야
겠다는 학생에게 친구가 충고했다. "그게 뭐야? 네가 하고 싶
은 것들은 하나로 안 모아지고 다 따로 놀잖아."

서울대 로고를 이미 획득한 욕심 많은 그녀는 '나는 누구
인가'를 생략한 채 다음 목표물, 다음 '로고'를 탐색 중이었다.
그녀에게 하고 싶은 말이 많았지만 난 조용히 카페를 떠났다.

그들과 다르지 않았던 내 모습이 떠올랐기 때문이다. 학교 배지로 성취의 기쁨을 표현했지만, 정작 나 자신에 대해선 알지 못한 채 세상이 정해놓은 목표에 정신이 팔려 있던 과거의 내 모습. 자신이 좋아하는 일을 알지 못한 채 나이만 먹어버린 내 모습. 어른이라 불리는 사람이 되고도, 외부에서 오는 보상과 타인의 인정을 바라며 살아온 내 모습.

그 자리를 피할 수밖에 없었던 결정적인 이유는 '나는 누구인가'라고 묻고 그 답을 찾고 있었지만, 내게도 어떤 답이 있는 건 아니었기 때문이다. 옷을 좋아하는 나를 사랑하자며 글을 썼고 글 쓰는 게 좋아 작가가 되어야겠다고 마음먹었지만, 여기저기 내민 출간 기획안은 줄줄이 퇴짜 맞았다. 나 자신으로 살겠다며 멋있는 척은 다 했지만, 실은 학교 로고가 박힌 박사 가운을 버리고 새로운 길을 걸어갈 용기가 나지 않았다.

학교 로고 버리고 진정한 '나' 입기

그러던 내게 학교 로고를 과감히 버리라고 격려해준 사람이 있다. 《제로 투 원》의 저자 피터 틸. 스탠퍼드대 로스쿨 최우등 졸업생이 얻는 대법관 보좌관직이라는 로고를 차지하는 데 실패한 사람이다. 이후 그는 '페이팔'을 설립했다.

"경쟁하지 말고 독점하라!"

그가 권하는 삶은 나의 상식을 완전히 뒤엎는 것이었다. 고등학교에서 경제를 가르쳤던 난 '완전 경쟁'의 미학을 설명했지만, 그는 '완전 경쟁'이야말로 미래를 살아갈 우리가 가장 먼저 버려야 할 낡은 이데올로기라고 비판했다. 그의 말에 따르면, '완전 경쟁'의 미학을 강조한 경제학자들은 누군가가 이윤을 취해 먹고사는 문제에는 무관심하다. 경제학자들은 경제학의 이론적 토대를 제공한 물리학과 물리학의 균형에 찬사를 보낼 뿐이다.

더 높은 숫자, 더 좋은 스펙에 목매는 우리는 경쟁 시스템의 충실한 일원으로 살아가기 위해 '엘리트 코스'라는 무의미한 목표 지점을 향해 줄기차게 달려간다. 그 과정에서 자신을 타인과 차별화시키는 정체성과 꿈은 당연히 무시된다. 경쟁 시스템의 일원이 되려 할수록, 완전 경쟁 시장의 참여자들이 그렇듯 우린 너무도 쉽게 대체 가능한 존재가 되어간다.

피터 틸의 번뜩이는 글 속에서 나는 많은 용기를 얻었다. 내 정체성이 내 브랜드가 되고, 누구와도 경쟁하지 않는 독점의 주체가 된다는 것. 아무도 하지 않는 일을 시작하기에 '또라이'처럼 보일 수도 있지만, 새로운 가치를 창출하는 창업자가 된다는 것. 그건 내가 피터 틸 같은 성공한 창업자가 되지 못하더라도 나만의 가치에서 새로운 가능성을 보고 끊임없이 질문하며 하루하루 살아간다는 것을 의미했다.

"피터, 보좌관이 되지 않은 게 정말 기쁘지 않아?"

10년 만에 만난 친구가 피터 틸에게 건넨 인사다. 그는 그때 탈락했기에 다른 도전을 할 수 있었고, 새로운 것을 만들어내는 멋진 삶을 향유할 수 있었다고 고백했다.

내가 두려워할 것은 학교 로고를 벗는 것이 아니라, 학교 로고로 인해 '원 오브 뎀One of Them'이 되는 것이었다. 나는 학교 로고를 벗지 않으면 '제로 투 원Zero to One'의 주인공이 될 수 없다는 결론에 도달했다. 용기 내지 못하고 가만히 있으면 아무 일도 일어나지 않는다.

며칠 후 캠퍼스를 산책하다가 우르르 지나가던 후배들의 2퍼센트 부족한 옷차림을 보며 조용한 도전을 결심했다. 나는 학교 게시판에 이런 글을 썼다.

"박사 논문 엎고, 스타일링 도와드려요!"

맨땅에 헤딩이었다. 평생 누군가가 시키는 것만 해왔고, 누군가의 선택을 기다리기만 했던 내가 처음으로 스스로 기획하고 실행해본 일이었다. 곧 생각지도 못했던 일들이 일어났다. 출간 제안을 받았고, '패션 힐링 컨설팅'은 나의 새로운 업이 되었다.

너무 늦지 않았을 때 깨닫기를

봄과 가을엔 학교 로고가 커다랗게 새겨진 야구점퍼를, 그리고 한겨울엔 학교 로고가 커다랗게 새겨진 롱패딩을 입는 까마득한 후배들에게 몇 가지 말해주고 싶다.

'샤' 자 정문으로 등교하는 꿈을 향해 달려온 것처럼, 다른 이들과 비슷한 스펙과 연봉과 직종을 꿈꾸지 말기를. 진짜 행복은 학교 로고나 대기업 로고가 주는 게 아니라 '나는 누구인가'에 답하며 찾는 것임을 깨닫기를. 정작 입어야 할 것은 학교 로고가 아니라 자기 이름이라는 걸 너무 늦지 않았을 때 알기를.

나를 찾는 과정에서 불필요한 죄책감에 함몰되지 말고, 부디 자기 자신을 믿기를!

옷 잘 입는 사람

"옷 잘 입는 사람이 되려면 어떻게 해야 하나요?"라는 질문을 자주 받는다. 내가 생각하는 '옷 잘 입는 사람'은 패션계에서 이야기하는 '옷 잘 입는 사람'과는 조금 다르다. 내 관점에서 '옷 잘 입는 사람'이 갖춰야 할 조건을 소개하겠다. 우선 아래 제시된 리스트를 읽고 자신은 Yes/No 중 어디에 해당하는지 체크해보자.

1. 옷을 입을 때 타인의 평가보다 나의 만족을 우선시한다.

2. 스타일리시함이란 한눈에 시선을 사로잡는 옷을 입는 것이다.

3. 검정색 옷이나 너무 화려한 옷을 입으면 오히려 내 얼굴이 돋보이지 않는 것 같다.

4. 좋아하는 색을 선택하기보다는 어울리는 색을 진단받는 게 더 좋다.

5. 트렌디한 옷보단 내 스타일에 맞는 옷을 입고 싶다.

6. 코디할 필요 없는 한 벌의 옷을 사는 편이다.

7. 옷을 잘 입는 것도 감각이라지만 감각 있는 사람의 옷을 따라 사는 건 왠지 내키지 않는다.

8. 즐거운 마음으로 쇼핑한 후 귀가하는 순간부턴 '뭐랑 같이 입지?' 늘 고민이다.

9. 패션 잡지에서 주로 보는 것은 스타일리스트의 스타일링 방법이다.

10. 쇼핑할 때는 괜찮아 보였던 옷이 집에 와서 입어보면 이상하다.

11. 큰 일을 앞두고 쇼핑하는 것보다는 평소에 틈틈이 쇼핑하는 경우가 더 잦다.

12. 외출하기 전 전신거울을 보지 않는다.

13. 외출했다가 돌아온 후 옷의 오염이나 보풀을 체크한다.

14. 내 옷장에 어떤 옷이 있는지, 무엇이 필요한지 잘 모른다.

15. 쇼핑하기 전 트렌드나 인플루언서의 룩을 살피기보다는 먼저 내 옷장을 열어본다.

16. 출근복은 괜찮은데, 늘 평상복이 고민이다.

17. 굳이 차려 입지 않더라도 편안하고 스타일리시하게 입는 법을 알고 있다.

18. 쇼핑은 스트레스 받을 때 한다.

점수 계산법 ▸▸ **홀수 항목이 yes면 +1, 짝수 항목이 no면 +1**

13점 이상 당신은 이미 옷 잘 입는 사람이다.

7~12점 당신은 옷 잘 입는 사람이 될 가능성이 있다.

6점 이하 당신은 옷 잘 입는 사람이 어떤 사람인지 배울 필요가 있다.

$$\text{How to}$$

옷 잘 입는 사람 = 자신을 사랑하는 사람

나는 옷 잘 입는 사람을 '자신을 사랑하는 사람'이라고 표현한다. 우리가 흔히 잡지에서 보는 트렌드한 룩을 따라가는 사람을 옷 잘 입는 사람이라고 규정할 수는 없다. 이제부터 옷 잘 입는 사람이 되기 위해서는 어떻게 해야 하는지 쇼핑 노하우부터 코디법까지 자세히 살펴보자.

1. '나 오늘 어때?'는 남이 아닌 나에게 물어보라

우리가 흔히 주고받는 질문이다. '옷 못 입는 사람'은 이 질문을 남에게 하지만, '옷 잘 입는 사람'은 이 질문을 자신에게 한다. 이 질문을 남에게 하는 순간, 답이 긍정적이든 부정적이든 그건 이미 진 게임이다. 내가 오늘 어떠한지가 타인의 평가에 의해서 결정되기 때문이다. 그러나 남의 시선 따위는 생각하지 않고 자신의 만족을 위해 옷을 입다 보면 타인의 평가는 뒷전이 된다. 누군가 "오늘 별론데?"라는 평가를 내리더라도 "그건 네 생각이고!"라고 답하면 그만이다. 자신을 사랑하기에 눈에서 여유로움이 풍기는 사람, 그 사람이 입은 옷은 뭐든 좋아 보이지 않을까?

2. '멋냈다' 말고 '멋있다'

'옷 못 입는 사람'은 타인의 시선에는 신경 쓰지만, 타인과의 소통에는 신경 쓰지 않는다. 이들은 누군가의 시선을 단번에 사로잡는 옷을 입으려 한다. 무대 위 아이돌 스타라면 그런 옷이 맞다. 그러나 평범한 삶을 살아가는 우리에게 요란한 옷은 '멋냈다'라는 말만 들을 뿐 타인과의 소통을 더 유연하게 해주지는 않는다. 화려한 옷을 입은 사람에게 다가가기가 힘들었던 경험은 누구나 있을 것이다. 옷입기의 본질은 커뮤니케이션이다. 나 자신과의 소통, 타인과의 소통. 옷은 소통에 날개를 달아줘야 한다. 패셔너블함만 좇다 보면 옷 입기의 본질에서 멀어질 수밖에 없다. '옷 잘 입는 사람'은 꾸미지 않은 것 같은데 볼수록 그 사람다운 옷을 입은 사람이다. 볼수록 '멋있다'를 자아내는 사람이다.

3. 트렌드보다 정체성에 관심을!

"이번 시즌 네온 컬러 롱패딩은 필수!" 익숙한 SNS 속 피드이다. 네온 컬러 롱패딩이 모든 사람에게 필요한 것 같아도, 그 명령에 따르는 순간 우린 패션 희생자가 될 뿐이다. 새로운 상품은 팔려야 한다. 패션계의 생산자와 미디어는 입는 사람의 삶에는 관심이 없다. 그들이 관심 있는 건 오로지 판매다. 트렌디한 아이템은 1년만 지나도 다시 입기 힘들고, '풍요 속의 빈곤'은 점점 내 옷장의 얘기가 된다. 정체성을 탐구하고 나만의 의상 콘셉트를 정한다면, 이런 홍보 문구에 끌려 매년 트렌디한 아이템을 사들이지 않을 수 있다.

4. 색상은 진단받기보다 스스로 선택하라

'옷 못 입는 사람'은 컬러를 진단받지만, '옷 잘 입는 사람'은 컬러를 선택한다. 원하는 색만 입고 살기에도 인생은 짧다. 나에게 어울리는 색을 누군가가 진단해주면 당장의 불안을 덜 수는 있다. 그렇지만 색상이 주는 힐링 효과는 생각보다 엄청나다. 못 믿겠으면 당장 바라만 봐도 기분이 좋아지는 색상의 옷을 몸에 두르고 사진을 찍어보라. 피부 톤과 자신이 좋아하는 색이 어울리지 않는다고 느껴지더라도 방법이 없는 건 아니다. 얼굴에서 멀리 떨어진 부위에 걸쳐도 되고, 면적이 좁은 신발이나 가방, 시계 스트랩 등으로 내가 원하는 색에 도전하면 된다. 내가 원하는 색을 선택하면 옷 입는 게 한결 즐겁고 그런 용기를 낸 자신을 더욱 사랑하게 된다. '옷 잘 입는 사람'이란 원하는 색을 입어 행복할 수 있는 사람이다.

5. 예쁜 옷 한 벌이 아니라 토털룩을 입는다

'옷 잘 입는 사람'은 예쁜 옷 한 벌을 입는 사람이 아니다. '옷 잘 입는 사람'은 심심한 옷을 조합해 자신을 표현한다. 마치 레고처럼 이리저리 맞춰 비슷한 조각으로 다양한 결과를 얻는 방식이라고나 할까. 프린트 원피스처럼 배색되어 있는 완성도 높은 옷 하나를 사면 입을 때 고민을 덜 수 있지만 다른 방식으로는 입을 수 없다. 난 만들어 입는 즐거움을 위해 한 아이템에 한 가지 색상만 포함된 옷을 산다. 그러면 다양한 배색을 만들 수 있다. 심플한 옷끼리 조합한 후 가방, 신발, 액세서리로 힘을 주어 토털룩을 만들어 입는 방식. 한번 맛 들이면 벗어날 수 없는 옷 입기의 진짜 즐거움이다.

6. 옷 입기는 감각이 아니라 이성!

옷 입기가 감각이라면, 옷 잘 입는 사람이 되기 위해 우린 다시 태어나야 한다. 그래서 사람들은 흔히 감각 있는 사람의 옷을 따라 사는 전략을 택하곤 한다. 물론 나도 많이 해봤다. 이렇게 따라 사면 안심은 되지만, 처음부터 내 옷이 아니었기 때문에 2퍼센트 부족하다. 옷입기가 이성의 영역이 되면 어떨까? 그럼 우린 다시 태어날 필요가 없다. 그냥 옷 입는 방식을 배우면 된다. 물론 따라 사는 방법에 비해 가시적인 결과를 바로 얻기는 어렵다. 그러나 옷 입기에서 자신이 결정권을 갖는다는 건 꽤 짜릿한 경험이다.

7. '사는 재미' vs. '입는 재미'

옷 입기가 이성의 영역이 되면 '사는 재미'가 아닌 '입는 재미'가 생긴다. 쇼핑은 즐겁지만 코디(스타일링)가 어려운 건 '입는 재미'를 모르기 때문이다. 쇼핑한 후 '뭐랑 입지?' 하는 고민을 하지 않으려면, 처음부터 '무엇을 어떻게 입지?'에 대한 계획을 세워야 한다. 요리를 한다고 생각해보라. 요리 고수들은 좋은 식재료를 보고 메뉴를 떠올리기도 하지만, 대부분 메뉴를 정하고 레시피를 확인한 후 장을 본다. 내키는 대로 장을 봐온 후 주방에서 저절로 맛있는 음식이 만들어지길 기대하는 사람은 없다. 그런데 생각보다 많은 사람들이 쇼핑을 하고 나서 저절로 멋진 룩이 탄생하길 기대한다. '사는 재미'만 추구하다 보면 내키는 대로 사기만 해도 모든 게 해결될 것 같다. 그 결과, 옷은 많은데 정작 입을 옷은 없는 악순환이 빚어진다. 물론 조건에 맞는 옷을 사는 게 쉬운 일은 아니지만, 오랫동안 찾던 옷을 발견할 때면 '사는 재미'도 상당하다. 그러다 보면 '입는 재미'는 저절로 따라온다.

8. '이벤트≠쇼핑 신호' vs. '이벤트=쇼핑 신호'

나는 지인의 청첩장을 받았다고 새 옷을 사진 않는다. 그보단 평소에 틈틈이 내가 접하게 되는 TPO^{Time Place Occasion}에 필요한 옷을 사두는 편이다. 특정 이벤트가 생기면 그저 옷장을 열고 TPO에 맞는 스타일링을 하면 된다. 이벤트를 앞두고 갑작스러운 쇼핑으로 '하객 룩'을 급조하면, '너무 눈에 띄는 바람에 다섯 번 이상 입을 수 없는 옷'만 늘어난다. 옷 잘 입는 사람은 평소 같은 옷에 조금씩 변화를 줌으로써 TPO에 맞는 드레스 코드를 찾아내는 사람이다.

9. "옷 샀어? 네 옷장에 있을 법한 옷이네."

매번 같은 옷을 사는 것 같을 때 가족이나 친구들이 하는 말이다. '옷 잘 입는 사람'에겐 칭찬일 수 있지만, '옷 못 입는 사람'에겐 지적처럼 들릴 수밖에 없다. '옷 잘 입는 사람'은 매번 다른 옷을 사도 늘 입던 옷 같다. 그건 옷장의 콘셉트가 분명하기 때문이다. 반면 '옷 못 입는 사람'은 콘셉트가 분명해서가 아니라 실패하는 게 두려워 늘 비슷한 옷만 산다.

10. 쇼핑 전 옷장 점검 vs. 쇼핑 전 트렌드 검색

옷 잘 입는 사람은 쇼핑에 나서기 전 옷장부터 열어본다. 음식 메뉴를 정하고 장을 보기 전 냉장고부터 열어보는 것과 같은 원리다. 조금 더 욕심낸다면, 평소 착용 사진을 휴대폰에 저장시켜놓기를 권한다. 그럼 옷장 속 내 옷과 조화롭게 입을 수 있는 옷만 사게 된다. 동일 아이템을 반복적으로 사는 일도 막을 수 있다. 옷 못 입는 사람은 옷을 사기 전 옷장을 열어보기보단 인플루언서의 룩이나 트렌드를 따라 산다. 그렇게 산 옷이 내 옷이 될 가능성은 거의 없다.

11. 나는 누구인가?

옷 잘 입는 사람은 365일 자신을 잘 표현하는 옷을 입고 산다. 출근복에도 자신이 묻어나고 평상복에도 자신이 묻어난다. 청바지에 출근용 재킷과 블라우스를 매치하고 독서 모임에 갈 수도 있고, H라인 스커트에 데님 재킷과 옥스퍼드화를 매치하여 브런치 모임에 나갈 수도 있다. 고등학생 때, 소풍 날 양복에 구두 차림으로 등산로 입구에 서 계셨던 국사 선생님을 잊을 수 없다. 당시 20대 싱글남이었던 그분은 평상복을 어떻게 입어야 하는지, 평상복에 과연 돈을 쓰는게 맞는지 전혀 모르셨던 것이다. 평상복으로 뭘 입어야 할지 모르겠다면, '나는 누구인가?'에 대해 진지하게 고민해보라. 질문의 답을 찾으면, 평상복에 지갑을 열게 된다. 다양한 자리에 자신만의 색깔이 담긴 옷을 입고 간다는 것이 즐거워진다.

12. 스타일리시함이란 조화로움에서 나온다

30대 중반까지만 해도 나는 '스타일리시함 = 드레스업'이라고 생각했다. 역설적이게도 이 등식이 틀렸을 수도 있음을 이성의 옷을 보고 깨달았다. 수트 차림의 남성보단 치노 팬츠에 셔츠와 스웨터를 겹쳐 입고, 스니커즈로 마무리한 남성이 멋져 보였다. 편안하고 스타일리시함에서 멋을 발견하며 서서히 잘록한 허리를 강조하는 프린트 원피스와 체인백, 그리고 스틸레토 힐을 버릴 수 있었다. 스타일리시한 건 드레스업이 아니라 핏과 길이, 배색, 소재 등의 조화로운 조합에서 나온다는 것을 옷 잘 입는 사람은 잘 알고 있다.

13. 쇼핑으로 감정을 풀지 않는다

과거의 내게 쇼핑은 즐거움이자 스트레스 해소 수단이었다. 스트레스를 받을 때 우린 심심한 음식을 먹지 않는다. 달거나 짜거나 맵거나 기름진 음식을 찾는다. 옷도 마찬가지. 비싸거나 요란하거나 어느 한 방향으로 치우친 과한 룩을 추구하게 된다. 음식이야 먹어버리면 그만이지만, 옷은 옷장에 남는다. 방치된 옷에서 채 떼어내지도 않은 태그의 가격을 확인할 때마다 죄책감까지 느껴진다. 옷은 감정의 영역이 아니라 이성의 영역이다. 물론 내 욕망이 무엇인지 아는 것은 매우 중요한 일이지만, 감정을 배제하지 않은 쇼핑은 고통스러운 후유증을 남길 뿐이다. 옷 잘 입는 사람은 쇼핑으로 스트레스를 풀지 않는다.

타인의 외모 평가에 달아보는 마음속 댓글

외모 평가로 상처를 주는 사람들은 심리적으로 상대방보다 자신이 더 우월한 위치에 있음을 즐긴다. 일종의 심리 게임이다. 이 게임을 중단시키는 가장 좋은 방법은 내가 상대방의 말로 인해 수치심이나 죄책감, 그리고 두려움을 느끼지 않는다는 것을 보여주는 것이다. 상대방의 공격이 통하지 않는다는 게 드러나면, 게임은 끝난다. 상황별로 이런 심리 게임을 중단시킬 수 있는 답변을 모아보았다. 반박하는 게 내키지 않으면 마음속 댓글을 달아보는 건 어떨까? 마음에 상처 주는 무개념 댓글에 일일이 반박할 수 없을 경우, 난 주로 마음속 댓글을 단다. 상대방이 어떤 표정을 지을까 상상하다 보면 마지막엔 늘 혼자 깔깔 웃는다.

> – 백화점 점원: 이거…… 맞으시겠어요?
> – 마음속 댓글: 이거…… 파실 수 있겠어요?

이런 말로 고객을 존중하지 않는 점원은 옷을 팔 자격이 없다. 한마디로 자격 미달. 사람을 인격체로 대하지 않고 몸뚱이로만 보는 시

각은 매우 하등한 관점이다. 그런 사람에게 주눅 들지 말자. 외모로
타인을 평가하는 순간, 자신도 평가 대상으로 전락할 뿐이다.

- 오지라퍼 어르신: 여자가 머리 짧으면 남자들이 안 좋아해.
- 마음속 댓글: 남자'들' 필요 없어요. 나 좋아하는 사람 한 명이
  면 충분해요.

많은 남성이 긴 머리 여성에 대한 판타지를 가진 것은 맞다. 그러나
모든 남성이 그런 것은 아니다. 머리카락이 짧아도 내 세계를 사랑
할 수 있는 남자, 설혹 대머리라 할지라도 그 대머리 속 세계가 매력
적인 남자를 만나는 게 긴 머리 여자만 찾는 남자를 만나는 것보다
행복할 것이다.

- 명절에 모인 친척들: 맨날 그렇게 먹으니까 살찌지!
- 마음속 댓글: 그러게요, 그 말씀 들으니까 더 먹어야겠는
  데요?

통통한 사람들은 먹기만 해도 비난의 대상이 된다. 이런 상황에선
그 비난으로 인해 주눅 들지 않음을 보여줄 필요가 있다. '더 먹겠다'
는 말은 곧 '나는 살찌는 게 수치스럽지 않아'라는 의미의 표현이니
상대방은 머쓱해지지 않을까?

- 직장 상사: 종아리가 그렇게 굵은데 어떻게 치마를 입지?

- 마음속 댓글: 팀원들의 업무 능력만 보시는 프로페셔널한 분
  인 줄 알았는데 실망스럽네요.

회사에서 업무와 무관한 평가를 하는 건 말하는 이의 수준이 어느
정도인지 보여주는 행위다. 이럴 땐 업무의 본질로 반박할 수 있다.

- 친구: 너 머리 크다.
- 마음속 댓글: 넌 키가 작고?

길게 얘기하지 않아도 웃으면서 이렇게 말할 수 있다. 타인의 외모
에 대해선 좋은 평이든 나쁜 평이든 평가하는 것 그 자체가 실례다.
이런 행동 자체가 '내가 당신을 평가할 수 있을 정도로 내가 당신보
다 위에 있다'를 전제로 하는 것이니. 나를 불쾌하게 하는 이런 말엔
같은 논리로 받아치는 마음속 댓글을 달아보자.

chapter 2

트렌드 말고 나를 입기로 했다

데이트 룩의 정답,
따를 필요가 있을까?

데이트 룩, 정답이 있을까?

"남친 설레게하는 여리여리 스타일! 남친이 나만 보인대."

"썸을 내 남자로 바꾸는 데이트 룩!"

20대 모델의 발그레한 얼굴 사진을 앞세운 온라인 여성 의류 쇼핑몰 광고다. 클릭한 뒤의 결과가 예상되지 않는 것은 아니지만 호기심이 발동했다. 온라인 쇼핑몰에서 정답으로 제시하는 데이트 룩은 뭘까?

긴 생머리, 하얀 피부, 가냘픈 몸매, 풍만한 가슴과 엉덩이. 그리고 어쩐지 순해 보이는 표정으로 살굿빛 입술을 살짝 벌린 채 프릴 달린 단정한 원피스에 하이힐을 신고 체인 백으로 스타일링을 마무리한 모습. 전형적인 데이트 룩을 입은 모습은 흥미로우면서도 불편했다.

꼭 이래야만 할까? 물론 남성들에게 데이트하고 싶은 여성의 전형이 존재하는 것은 사실이다. 그러나 모든 여성이 피팅 모델 같은 얼굴과 몸매를 타고나지도 않았고, 전형적인 데이트 룩을 자연스럽게 소화할 수 있는 것도 아니다. 그런데도 남자들이 좋아하는 '데이트 룩의 정답'을 따라야 한다는 논리를 미디어에서 심심찮게 접한다.

"남자들은 촌스러운 여자를 좋아하나 봐." 이미 정해진 '정답' 따위는 가볍게 무시하겠노라며 잠시 쿨한 모습을 보이더라도 여성들이 이 '정답'을 소신껏 부인하기란 그리 쉬운 일이 아니다.

상대방의 마음을 훔치는 데이트 룩

최고의 로맨스 영화로 꼽히는 〈비포 선라이즈Before Sunrise〉를 처음 봤을 때, 난 전혀 이해할 수 없었다. 별다른 스토리 없이 기름이 잔뜩 낀 머리에 똑같은 옷을 입고 남녀가 밤새 얘기만 하다 끝나는 영화가 왜 최고의 로맨스 영화라고 불리는 건지. 그러다 우연히 몇 해 전 〈비포 미드나잇Before Midnight〉을 보고 생각이 달라졌다.

〈비포 미드나잇〉에선 미국에서 결혼했던 제시가 결혼 생활을 포함한 미국 생활을 청산하고 마침내 셀린과 결혼해서 성공한 작가이자 쌍둥이 자매의 아빠가 된 모습으로 나온다. 공항에서 미국으로 떠나는 전처와 낳은 아들을 배웅하는 제시는 잔뜩 예민해진 상태다. 셀린은 그런 그의 모습이 불만이다. 엄마가 된 후 자아 상실감으로 인한 스트레스가 극에 달한 셀린은 제시에게 마구 퍼부어댄다. 듣고만 있던 제시가 결국 입을 연다.

"내 인생을 통째로 당신에게 줬어. 남은 50년 동안도 난 당신 모습을 견딜 자신이 있어."

그녀가 그렇게 진상을 떨어도 그는 그녀를 끝까지 가장 매력적인 이성으로 대한다. 결혼이란 게 당연히 권태로 귀결될 수밖에 없다고 생각하던 내게 제시의 태도는 그야말로 뜻밖이었다.

제시는 어떻게 그럴 수 있었을까? 내가 가볍게 흘려버렸던 〈비포 선라이즈〉에서는 둘 사이에 어떤 일이 있었던 걸까? 둘 다 더 늙고 더 살이 빠졌다는 것만 기억에 남은 〈비포 선셋 Before Sunset〉에선 무슨 일이 있었기에 미국인 유부남 제시가 유럽까지 날아와 셀린에게 자신의 삶을 통째로 내준 걸까? 두

편의 영화를 다시 찾아봤다.

〈비포 선라이즈〉는 스물세 살 셀린이 부다페스트에서 할머니를 만나고 파리로 돌아가는 기차 안에서 책을 읽고 있는 모습으로 시작한다. 같은 기차에 탄 승객인 미국인 청년 제시는 미국행 비행기를 타기 위해 빈에서 내릴 예정이다. 셀린에게 한눈에 반한 그는 기차에서 내리기 직전, 그녀에게 같이 내릴 것을 제안한다. 두 사람은 다음 날 아침까지 빈에서 함께 시간을 보낸다.

그런데 그녀가 입은 옷은 쇼핑몰이나 패션 잡지에서 말하는 이른바 데이트 룩이 아니다. 화장도 하지 않은 맨 얼굴에 부스스한 머리, 평범한 면 티셔츠에 롱 드레스. 장거리 여행에 좋은, 편안한 옷차림이다. 셀린은 바비 인형 같은 몸매도 아니고, 립글로스를 바른 입술을 살짝 벌리지도 않았으며, 어깨를 드러내거나 엉덩이를 내밀지도 않았다. 셀린은 제시에게 여자 셀린의 외양을 보여주기보다는 인간 셀린의 세계를 보여준다. 바로 그 순간, 제시가 셀린에게 반한 듯한 눈빛을 보낸다. 비행기 공포증에 대해 말했을 때, 열세 살짜리 소녀의 무덤 앞에서 10년 전 자신의 느낌을 털어놓았을 때, 쇠라 전시회 포스터 앞에서 작품에 대한 자신의 감상을 말했을 때. 제시는 말 없이 셀린의 얘기에 빠져든다.

밤이 되고 공원 잔디에 누워 별을 바라보다 셀린이 고백한다. "여행을 하다가 일출을 볼 때, 함께 있던 사람들이 그 순간 내 감정을 몰라주면 고독했어. 그런데 너와 함께하는 이 순간은 행복해."

제시가 아무 말을 하지 않아도 셀린은 서로가 서로에게 연결되어 있음을 느낀다. 부모의 이혼에 상처받아 자신을 사랑할 수 없었던 제시는 마침내 입을 연다. "너랑 있으니까 내가 아닌 다른 사람이 된 것 같아."

그동안 자신을 감춘 채 살아오던 제시는 셀린을 만나 처음으로 자기 자신이 된다. 두 사람은 그날 밤 공원에서 사랑을 나눈다.

그러나 다음 날 아침, 둘은 성인다운 이성적인 결정 앞에서 재회를 약속할지 망설인다. 1년 후로 약속한 만남은 결국 무산되고, 9년의 세월이 흐른다.

〈비포 선셋〉에서 작가로 데뷔한 제시는 출간 기념 홍보차 파리의 서점 '셰익스피어 앤 컴퍼니'에 들른다. 질의응답이 끝나갈 무렵 모습을 나타낸 서른두 살의 셀린. 비행기 시간이 다가오는데도 제시는 셀린과 함께 무작정 나선다. 카페에서부터 기억의 파편을 모으던 이야기는 점차 파리 시내를 따라 둘의 속내로 향한다. 내내 방어적이던 셀린은 센 강 유람선 위에서 제시의 눈을 바라보며 스물세 살의 셀린으로 돌아간다. "자기 수염의 붉은 빛도 기억나. 떠나기 전 새벽 햇살에 빛나던 모습……. 그 모습이 그리웠어. 나 진짜 웃기지?"

제시는 그윽한 눈빛을 담은 특별한 미소를 셀린에게 보낸다. 제시의 미소는, 그녀가 혹시나 그를 만날지도 모른다는 설렘에 입고 온 검정 민소매 톱 때문이 아니었다. 그건 9년 전 자신이 반했던 모습 그대로 나이 든 셀린을 아름답다고 느꼈기 때문이었다. 셀린은 그녀 자신일 때 제시에게 세상에서 가장 섹시한 여자였다.

여성성의 전형이 아니라, 내면의 매력

"이중섭의 어디에 반했습니까?"

이중섭 화백의 부인 이남덕 여사는 한 인터뷰에서 확신에 찬 어조로 이렇게 답했다. "모든 것에!"

아흔이 넘은 그녀는 그를 잊고도 남을 세월을 보냈을 것이다. 그럼에도 망설임 없이 말하는 대답에 나는 조용히 탄성을 질렀다. 얼마 후 이중섭의 전시 기념 도록을 손에 넣었다. 그리고 두 사람의 사랑을 그림에서 확인할 수 있지 않을까 은근히 기대했다.

만년필 스케치에 초록색 채색이 더해진 그림 〈누운 여자〉에선 나뭇잎에 둘러싸여 눈을 감은 채 주변의 공기를 음미하는 여인이 보였다. 속눈썹조차 생략된 그림 속 여인에겐 예뻐 보이려고 노력한 꾸밈새나 사랑받고자 애쓰는 교태가 없었다. 이중섭은 자기 세계에 존재하는 여인을 애정 어린 시선으로 담백하게 그려냈다.

⟨발을 치료하는 남자⟩는 데이트 도중 보도블록에 부딪쳐 다친 여인의 발, 그 발을 만져주다 피가 묻은 그의 손, 그리고 그 발을 바라보는 그의 눈빛을 담은 그림이다. 그가 사랑했던 여인 야마모토 마사코는 유난히 발이 커서 '발가락 군'이라는 별명이 있었다. 왕발에 뽀뽀를 수십 번 보냈던 그의 애정이 보였다. 몽환적인 붓 터치는 없지만, 그림은 충분히 아름다웠다.

도록에서 내 시선이 가장 오래 머물렀던 그림은 양담뱃갑 은지에 그린 ⟨사랑⟩이었다. 알몸으로 서로 엉킨 채 최대한 꼭 붙어 키스하는 두 사람. 야한 분위기를 일으키기에 충분한 그림이었지만 야하게 느껴지지 않았다.

'두 사람이 이만큼이었구나.'

그림 속 여인은 전형적인 미인이 아니다. 사랑하는 남자와 강렬히 소통을 나누는 순간, 여인은 한 손으로 남자의 머리를 쓸어내리고 다른 한 손으로는 남자의 귓불을 부드럽게 만진다. 눈을 감은 채 순간의 황홀경을 음미한다. 여인의 표정과 몸짓은 이렇게 말하는 것 같다.

'당신을 느끼는 것이 좋습니다.'

이중섭은 그 시대의 많은 남성이 바라는 여성성의 전형을 보았기 때문에 그녀를 사랑한 것이 아니다. 둘은 서로의 세계를 보았고, 그것으로 소통했다.

소통의 본질은 시각적 즐거움이 아니다

몇 해 전 케이블 TV의 패션 채널에서 남자들이 싫어하는 룩 리스트를 접한 적이 있다. 레깅스, 어그 부츠, 밀리터리룩, 비니, 호피 무늬 아이템 등이었다. 그 리스트를 접한 후, 장난기가 발동해서 이런 상상을 해보았다. 만약 내가 카모플라쥬 패턴 재킷에 비니를 쓰고 레깅스에 어그 부츠를 착용한 채 누군가를 만나고, 그 차림으로 가장 나다운 생각을 털어놓았는데 그가 내 얘기에 빠져들며 그윽한 눈빛을 보낸다면? 그 사람이야말로 내 소울메이트가 아닐까? 그런 상황이 실제로 빚어진다면, 데이트 룩의 정답은 의미를 상실한다.

물론 바비 인형 몸매의 여성이 입은 '데이트 룩의 정답'은 통계적으로 많은 수의 남자가 좋아하는 외양이 맞다. 그러나 남녀 관계의 본질이 깊은 소통에 있다면, 여성들이 더 많은 남성의 눈을 골고루 즐겁게 하기 위해 외양을 가꿀 필요가 있을까? 자기를 알아봐주는 사람을 만난다면, 셀린의 미소와 이 남덕의 미소가 그랬듯, 비밀스러운 아름다움이 절로 풍겨 나오는 법이다. 그렇다면 타인이 정해놓은 '데이트 룩의 정답'을 우리가 억지로 따를 필요는 없지 않을까?

시각적 즐거움은 사람과 사람 사이에서 이뤄지는 소통의 본질이 될 수 없다. 남녀 간의 소통이 시각적 즐거움과 육체적 즐거움만 주고받는 것으로 끝날 만큼 가벼운 것이라면, 많은 사람들이 사랑을 로망으로 삼을 이유는 없다. 피트니스 클럽에서 중력과 싸워가며 만든 몸에 수트를 입고 비싼 차를 타는 남자들, 그리고 바비 인형 몸매를 뽐낼 수 있는 미니 드레스를 입고 체인 백을 두른 여자에게만 사랑할 자격을 주는 세상. 그들이 승자인 듯해도, 이런 세상은 서로를 상품화하고 대상화하는 끔찍한 곳일 뿐이다.

다행히 진짜 세상은 그렇지 않다. 못난이에 패션 꽝이지만 서로 죽고 못 사는 커플을 길에서 참 많이 본다. 아무리 남들이 혀를 끌끌 차도 둘의 세상이 아름답다면 그것으로 충분하다.

쇼핑몰에 등장하는 데이트 룩의 정답은 꽤 다양하다. 우아한 청담동 며느리 룩, 레이스와 러플 가득 소녀 같은 첫사랑 룩, 몸매가 적나라하게 드러나는 클러버 룩. 데이트 룩의 정답은 누군가가 옷을 팔기 위해 만들어낸 허상인지도 모른다. 심

지어 그들은 우리가 '정답'을 따르지 않으면 남자 친구가 생기지 않을 거라고 겁을 주기도 한다. 그러나 그렇게 입는다고 해서 나를 50년은 견뎌줄 남자, 내가 모든 것에 반할 수 있는 남자를 만날 수 있는 건 아니다.

"좋은 커뮤니케이션은 블랙 커피처럼 잠을 이루기 어려울 정도로 흥분된다." 앤 머로 린드버그의 말이다. '통했다'는 느낌을 경험하면 잠을 못 잘 정도로 흥분되고 그 흥분이 오래도록 지속된다.

시각적 즐거움에서 시작된 흥분과 정신적 소통의 즐거움에서 시작된 흥분. 우리가 진정 원하는 것은 무엇에서 오는 흥분일까?

진짜 내 남자를 만나는 비결

소울메이트를 만날 수 있는 순간은 가장 나다울 때다.

내 눈에 아름다우며 불편하지 않게 내 세계를 표현하는 옷을 입었을 때, 나는 외적으로 가장 나답다. 그렇다면 남에게 보여주기 위한 룩이 아니라 나를 제대로 표현하는 룩이 데이트 룩의 정답이 아닐까?

어쩌면 우리가 알고 있던 데이트 룩의 정답은 가장 오답에 가까운 것일 수 있다. 자신을 바비 인형, 청담동 며느리, 첫사랑 소녀로 표현해서 누군가를 홀리는 데 성공한들 그 남자가 원한 게 내가 아닌 내가 입은 옷이 표현한 이미지라면? 게다가 그가 진짜로 나를 좋아하는 건지 아니면 바비 인형 같은 섹시한 여자, 청담동 며느리나 소녀같이 순종적인 여자를 좋아하는 건지 판단해야 하는 번거로움까지 떠맡아야 한다면?

데이트 룩의 정답으로 내 사람을 만나는 건 아무래도 불가능해 보인다. 시각적 즐거움이 주는 흥분의 유효 기간이 정신적 소통이 주는 흥분의 유효 기간보다 짧다면 선택은 어렵지 않다. 진짜 내 사람을 만나는 비결은 남자들이 좋아하는 옷이 아니라 진실한 소통에 필요한 내 정체성을 보여주는 옷에 있다.

소개팅 첫날 데이트 룩의 정답을 입고 나가 만난 남자 친구가 싫증났다며 이별을 고한다면, 울어야 하는 순간이 아니라 진지하게 새로운 소통을 고려해볼 기회라고 생각해야 한다. 그 남자에겐 시원하게 이렇게 말해주자.

"바비 인형이나 껴안고 살아라."

놈코어는 단지 패션 트렌드가 아니다

사치의 진화

상당수의 여성 의류 쇼핑몰에서는 동대문 시장의 상품을 판매한다. 쇼핑몰마다 추구하는 분위기는 다르지만, 대부분 고급스러운 이미지를 만들어내기 위해 애쓴다. 불과 몇 년 전까지만 해도 쇼핑몰 사진 속에 가장 자주 등장하는 소품은 샤넬백이었다. 피팅 모델들은 백화점, 카페, 호텔, 혹은 도심 속 거리에서 샤넬백을 들고 스타벅스 커피를 마시며 그들이 파는 동대문 시장의 옷을 입고 포즈를 취했다. 고급스러운 이미지를 입고 싶어 했던 나는 그런 쇼핑몰에서 옷을 샀다.

그런데 쇼핑을 멈추고 한 발 물러서자 한 가지 재밌는 현상이 포착됐다. 뜻밖의 소품이 샤넬백을 대체해버린 것이다. 언젠가부터 사진 속 피팅 모델의 손에는 잡지가 들려 있었다. 그것도 《보그Vogue》나 《하퍼스 바자Harper's Bazaar》가 아닌 《킨포크KINFOLK》나 《어라운드AROUND》였다. 나도 종종 구입해서 읽는 《어라운드》에서는 유명 레스토랑이나 한눈에 봐도 고급스러운 옷, 획기적인 뷰티 아이템을 소개하는 글과 사진은 찾아보기 어렵다. 대신 제주도 여행의 즐거움, 영화 속 인물이 좌절과 극복 과정을 겪으며 찾아낸 행복의 정의, 도심 속 작은 공원이 삶에 주는 의미, 어느 여성이 이국땅에서 만난 다섯 살짜리 아이와 나눈 낯선 우정. 이런 이야기들이 무게감 있는 사진들과 함께 실려 있다. 한편에는 자그마한 글씨로 이런 글이 적혀 있다.

이 책을 읽는 동안, 당신 주변의 시간은 조금 느리게 흐릅니다.

독자가 이 잡지를 읽는 동안만이라도 바쁜 일상에서 벗어나 잠깐의 여유를 누리길 바라는 마음을 이렇게 담았나 보다. 평범한 일상에서 오는 행복을 소곤소곤 속삭이는 잡지가 샤넬백을 대체한 현상, 어떻게 봐야 할까?

사실 이건 그리 낯선 현상이 아니다. 예전부터 사람들은 상

류계급을, 한가함을 가진 자를 '유한有閑'계급이라 부르며 그
들의 시간적 여유를 부러워했다. 사치에 대한 관념은 '비싼 것
같기'에서 '우아하게 살기'라는 형태로 진화하고 있다.

'우아하게 살기'를 상징하는 '킨포크 라이프Kinfolk life'는
바다 건너 휴양지의 고급 리조트로 향하는 사람들, 혹은 제주
도에서 텃밭을 가꾸며 사는 사람들의 전유물이 아니다.《어
라운드》편집자의 바람처럼, 일상에서 완전히 벗어날 수 없는
우리라 할지라도 잠깐의 산책이나 독서로 여유를 찾으려는
발상 전환만 한다면 누구나 유한계급이 될 수 있다.

그래도 여전히 뭔가 불편한 감정이 남는다.《어라운드》는
왜 쇼핑몰 피팅 모델의 한 켠에서 소비를 부추기는 도구로 사
용되고 있는 걸까? 소품용 샤넬백이 텅 비어 있었던 것처럼 사
진 속 모델은 잡지 속 글을 한 편이라도 제대로 읽어봤을까?

놈코어에 담긴 욕망

한동안 놈코어normcore룩이 패션계를 휩쓸었다. 후디스,
트레이닝팬츠, 스니커즈, 슬립온. 집 앞 슈퍼마켓에 잠깐 나갈
때 입을 법한 아이템들이 디자이너 브랜드의 런웨이에 당당
히 등장하며 놈코어가 트렌드로 자리 잡았다는 것을 알렸다.

놈코어는 평범함을 뜻하는 '노멀 normal'과 철저함을 뜻하는 '하드코어 hardcore'의 합성어다. 화려하게 차려입지 않아도 멋있는 사람들에 대한 선망. 바로 그것이 놈코어 룩이 패션계를 휩쓸었던 원동력이다.

'놈코어'라는 용어는 윌리엄 깁슨의 소설 《패턴 인식》(한국에서는 번역 출간되지 않았다)의 주인공 케이스 폴라드의 인물 묘사에서 처음 등장했다. 케이스는 회색 스웨트 셔츠에 펑퍼짐한 리바이스 501을 즐겨 입는 로고 혐오주의자다. 그녀는 자신의 옷에 붙어 있는 로고를 가위로 자르거나 사포로 문질러 집요하게 제거한다. 그녀는 왜 그렇게 로고를 혐오하게 된 걸까?

소설 속 묘사에 따르면 그녀의 예민함과 관찰력은 드라마 〈셜록〉의 주인공 셜록과 견줄 만하다. 그녀는 그런 특성을 살려 젊은이들 사이에서 유행하는 것을 한 발 앞서 포착하고, 그것을 글로벌 마켓에 소개하는 쿨 헌터 coolhunter로 일한다. 소수에게만 공유되던 문화가 최신 유행 상품으로 재탄생해 전 세계 이곳저곳에서 소비되고 결국 사라지는 과정. 그것을 누구보다 생생하게 목격하는 사람이 바로 케이스인 셈이다.

로고를 집요하게 제거하는 그녀의 행동은 트렌드를 계산적으로 조작하고 유포해서 소비를 강요하는 시장 권력에 대한 저항이자 자신만의 특별함을 고집하는 하나의 의식인지도 모른다. 이는 또한 자신의 물건이 컨베이어 벨트 위에 올라가서 상품화되고 소멸되는 메커니즘에 처음부터 속한 적이 없었음을, 그런 물건을 사는 평범한 사람들과 자신이 다르다는 것을 표현하기 위한 행위였을 것이다.

"아우라aura란 거리가 주는 독특한 현상이다."

독일 철학자 발터 벤야민이 정의한 '아우라'의 의미엔 '다름'이 있다. 케이스는 트렌드 소비 메커니즘에서 거리를 둠으로써 자신만의 '다름', 나아가 자신만의 '아우라'를 확보하려고 했던 것이다. 윌리엄 깁슨이 소설을 발표한 지 한참 지난 2015년에 놈코어 룩이 유행한 건 무엇을 의미할까? 케이스 같은 사람들이 늘어난 것일까? 아니면 숱한 하위 문화subculture가 글로벌 마켓에 유입되어 트렌드로 소비되다가 사라져버리듯, 놈코어 역시 그렇게 사라질 트렌드였던 것일까?

다르다고 표현하지 않고도
아우라를 뿜어낼 수 있는 룩

놈코어 룩을 보여준 사람들 중 가장 유명한 사람은 스티브 잡스일 것이다. 그는 무려 12년 동안 뉴발란스 스니커즈, 리바이스 청바지, 그리고 이세이미야케 검정색 터틀넥만 입었다. 차림새만 봐선 그가 아름다운 것에 무관심한 사람이었을 거라고 착각하기 쉽다. 그러나 그는 그를 포함한 인간이 아름다움에 끌리는 존재임을 잘 알고 있었다. 그의 이러한 시각은 애플에서 만들어낸 모든 상품의 외관, 유저 인터페이스UI, 서체, 제품 박스, 그리고 애플 스토어의 인테리어에서 어렵지 않게 확인할 수 있다.

잡스의 1995년 인터뷰 영상을 보고 그의 탁월함에 놀라움을 금할 수 없었다. 사람들이 겨우 당시의 트렌드를 좇고 있을 때 그는 우리가 현재라 부르는 미래를 정확히 예견했고, 그 맥락에서 더 나은 삶을 가능케 하는 것이 무엇일까 고민했다. 그리고 자신이 그 모든 흐름의 중심에 있기를 꿈꿨다.

이렇듯 남과 '다른' 그의 면모를 표현해주는 것은 옷이 아니라 그의 생각이었다. 그가 내세운 애플의 철학 "다르게 생각하라Think Different"가 그가 없는 애플에서 앞으로 얼마나 지속될지는 잘 모르겠지만, "다르게 생각하라"가 잡스가 지닌 아우라의 근원이었음은 분명하다.

인터뷰 영상이 촬영된 당시, 그를 쫓아낸 애플은 파산 직전이었고 그가 경영하던 넥스트는 별다른 성공을 거두지 못한 상태였지만, 자신의 생각을 밝히는 그의 눈은 끊임없이 빛나

고 있었다. 인터뷰어는 잡스에게 마지막으로 이런 질문을 던
졌다.

"당신은 히피 hippie입니까, 너드nerd입니까?"

잡스의 답은 히피였다. 히피는 기존 권위와 다른 뭔가를 새
롭게 만들어내고 그것을 타인과 공유함으로써 즐거움을 느끼
는 사람들을 말한다. 인터뷰에서 잡스는 자신이 매료되었던
어떤 정신을 제품에 불어넣고 동료들 혹은 매킨토시 사용자
들과 그것을 공유하는 것을 진심으로 자랑스러워했다.

시간을 거슬러 올라가 보면 잡스처럼 '다르다'의 정신을 보
여준 사람으로 피카소가 있다. 비록 자기 자신에게 히피라는
별칭을 붙이지 않았고 그가 사실 히피가 아니었는지도 모르
지만, 피카소는 자신의 우상이었던 벨라스케스를 뛰어넘는
거장이 되고 싶어 했다. 그는 철저히 선배들을 모방하고 분석
하고 해체함으로써 누구도 걷지 않은 길을 개척했다. 피카소
역시 스트라이프 티셔츠 혹은 펑퍼짐한 면 티셔츠 차림을 즐
겼다.

머리카락을 길게 기르고 청바지를 입고 마리화나를 피워
대며 '다르다'를 표현하려고 했던 1960~1970년대 히피들이
하수이고, 자신이 지닌 물건의 로고를 다 없애버리려고 했던
케이스가 중수라면, 생각과 작품으로 '다르다'를 표현한 잡스
와 피카소는 진짜 고수가 아닐까?

히피가 기존 권위에 저항하고 남들과 '다르다'에 집중하는 사람들이라면, 너드는 남들에게 무관심하고 남들과 달라 보이기 위해 애쓰지 않으며 자신의 세계에만 관심을 쏟는 사람들이다. 너드는 우리말로 흔히 '괴짜'라고 번역된다. 잡스나 피카소처럼 차원 높은 '다르다'를 표현한 사람들은 옷으로 '다르다'를 표현할 필요가 없기 때문에 놈코어 룩을 입었지만, 너드들은 처음부터 옷에 관심이 없어서 본의 아니게 놈코어 룩을 입었다.

자신을 너드라고 칭하는 페이스북의 설립자 마크 저커버그는 면 티셔츠와 헐렁한 청바지, 검정 바람막이, 그리고 슬리퍼 차림을 즐긴다. 그는 하루하루 골치 아픈 문제들을 해결하는 데 많은 에너지를 써야 하기 때문에 옷에 시간을 뺏기고 싶지 않다는 말로 자신의 차림새를 변호한다.

너드는 자신의 문제를 해결하는 데 방해가 되는 것이면, 온 세상이 가치 있다고 평가하는 대상이라도 거부해버리는 초연함을 보인다. 저커버그보다 선배 너드인 스티븐 호킹은 작위를 거부했고, 호킹의 선배인 아인슈타인은 프린스턴대 교수직을 거절했다.

너드는 히피처럼 다르게 보이려고 애쓰지 않는다. 이들은 오히려 남들과 다름에서 초래되는 결과를 거추장스러워한다. 그래서 자신을 감추고 자신을 세상과 고립시키려 한다. 저커버그는 사용자의 개인정보 공개와 사용자 간의 연결을 추구하는 '페이스북' 대표이면서도 정작 자신의 개인정보는 공개하지 않는다는 비난을 받아왔다. 그것은 저커버그가 너드이기 때문이다. 그가 푸드 트럭에서 산 음식을 길바닥에 앉아서 아무렇지 않게 먹는 것도 어쩌면 자신을 드러내고 싶지 않아서일 것이다. 그러나 우리는 알고 있다. 빛나는 천재성과 넘치는 위트로 무장한 너드의 아우라는 아무렇게나 입고 다닌다고 해서 가려지지 않는다는 것을.

히피든 너드든, 놈코어가 유행하기 훨씬 전부터 놈코어 룩을 입어온 사람들의 삶의 방식을 살펴보면 놈코어 룩은 이렇게 표현할 수 있다.

놈코어 룩은 옷으로 '다르다'를 표현하지 않고도 아우라를 뿜어낼 수 있는 사람들의 룩이다.

놈코어와 놈코어 룩

뉴욕의 트렌드 분석 기관인 케이홀K-Hole의 설립자 에밀리 세갈은 놈코어를 추구하는 사람들의 생각을 이렇게 설명했다.

"달라 보이려 하는 것에 대한 환멸이 존재한다. 사람들은 어떤 지위를 성취함으로써 주위의 모든 사람과 달라져야 한다는 사실에 진심으로 피로를 느낀다."

이는 놈코어를 트렌드에 대한 환멸과 피로가 반영된 하나의 저항 문화로 보는 시각이다. 반면에 패션계는 놈코어에 큰 의미를 부여하지 않고, 단순히 '놈코어 룩'으로만 보거나 1990년대 룩으로의 회귀로 받아들였다.

2015년 한 패션 잡지에서 "놈코어도 이제 지겹다"는 에디터의 독백 같은 글을 본 적이 있다. 지금까지 수많은 하위 문화의 패션 코드가 패션 산업으로 유입되어 트렌드가 되었다가 결국 사라져버렸던 것처럼, 하나의 하위 문화였던 놈코어 역시 그 전철을 밟고 있다. 이처럼 트렌드가 돌고 도는 것을 보면 떠오르는 경제학 법칙이 하나 있다. 바로 '세이의 법칙Say's law'이다. '공급이 수요를 창출한다'는 말로 요약할 수 있는 이 논리는 대공황 이후 많은 비판을 받으며 주춤해졌다. 그러나 세이의 법칙이 꼭 틀렸다고는 볼 수 없다. "트렌드에 뒤처지지 않으려거든 이것을 사라"는 명령이 유포되면 누군가는 그 트렌드를 좇고 이러한 메커니즘은 반복된다.

그러나 특정 트렌드의 근원인 하위 문화의 정신은 모른 채 패션 트렌드만 받아들이는 사람들은 어떠한 것이든 결국 지겨워질 수밖에 없다. 놈코어 정신을 입은 적이 없다면, 놈코어 룩은 특유의 밋밋함 때문에 재미없고 지루한 옷차림일 뿐이다.

만약 잡스가 놈코어 룩의 퇴장과 맥시멀리즘의 인기를 보았다면 어떤 반응을 보였을까? 당연히 전혀 신경 쓰지 않았을 것이다. 그에게 그의 옷차림, 아니 그의 아우라는 처음부터 그의 것이었지 트렌드가 아니었기 때문이다.

놈코어 룩이 지겹다는 에디터의 독백은, 잡지 속 글 한 편 제대로 읽어보지 않은 채 단지 소품으로 잡지를 들고 있음으로써 '고급스러움'을 가장하는 쇼핑몰 사진의 허세와 별반 다르지 않다. 생각과 정신은 물건을 가진다고 해서 얻어지는 것이 아니다. 샤넬백을 든다고 해서 관습을 파괴하고 새로움을 창조한 가브리엘 샤넬의 정신을 체화할 수 없듯, 화이트 스니커즈를 신고 회색 후디스를 입는다고 해서 놈코어 정신을 체화할 수는 없을 것이다.

촬영 소품으로서 《어라운드》의 인기나 트렌드로서 '놈코어 룩'의 유행은 물건을 가짐으로써 자신의 우월함을 증명하는 소비주의 시대의 익숙한 풍경이다. 촬영 소품이 샤넬백에서 《어라운드》로 바뀌었어도 소비주의는 그때나 지금이나 여전히 우리에게 미소를 보내고 있다.

자기 표현의 진화

놈코어의 핵심은 룩이 아니라 '아우라'다. 그 결과 무심한 룩이 탄생한 것일 뿐. 어쩌면 아우라를 선망하는 마음이 놈코어 룩 따라 입기로 표현된 것일 수도 있다. 놈코어 없는 놈코어 룩은 아우라 발하기를 아우라 갖기로 치환하려는 시도라고 볼 수 있다.

사치가 '비싼 것 갖기'에서 '우아하게 살기'로 진화했듯, 놈코어로부터 '자기 표현의 진화'가 나타나기를 기대한다. 그러다 보면 언젠가는 우리가 '비싼 옷 입기'가 아니라 '나답게 존재하기'로 우리 자신을 표현할 수 있지 않을까? 잡스나 아인슈타인이 아니더라도 자신만의 세계를 표현할 수 있는 사람이 특별하다고 여긴다면 누구든 아우라의 주인이 될 수 있다.

트렌드로서의 놈코어 룩이 사라지더라도 정신으로서의 놈코어는 나를 포함한 많은 사람이 따라 했으면 좋겠다. 그리고 오래도록 지속됐으면 좋겠다.

나를 위한 헤어스타일,
평가는 필요 없다

"머리 어떻게 해드릴까요?"

처음이자 마지막이었다. 내가 결혼하자고 말한 사람은. 그
때 우린 너무 어렸다. 내 결핍을 제대로 알지 못했던 난 감정
기복이 심했고, 빵꾸 난 학점 때우기와 대학원 진학 그리고
군대 문제가 해결되지 않았던 그는 미래를 두려워했다. 우산
을 써도 소용없을 만큼 비가 억수같이 쏟아지던 1999년 8월
어느 날, 우리는 만난 지 반 년 만에 헤어졌다.

밤새 울어놓고도 그를 만난 카페에서 난 또 눈물을 흘렸다.
그도 평소와 달리 나만큼이나 많이 울었다. 그날 그는 내게

일곱 장짜리 편지를 줬다. 모든 문장은 구구절절 "사랑한다"고 말하고 있었다. 감정 표현은 늘 내 몫이었는데, 뒷북도 이런 뒷북이 없었다. 통통한 편이었던 나는 이별 후 급격히 살이 빠졌다. 졸업사진 속 내 얼굴엔 슬픔이 가득했다.

대학 시절 나는 다양한 헤어스타일을 시도했다. 오렌지 컬러의 탐스러운 웨이브도 해보고, 블루블랙 컬러의 단발머리를 찰랑거리기도 했으며, 짧은 커트를 시도해보기도 했다. 그때는 어떤 헤어스타일이 나를 표현해줄 수 있는지 몰랐다.

"내 머리 어때? 예뻐? 나 머리 어떻게 해야 괜찮을까?"

스스로 묻고 답을 찾기보다는 내 고민에 누군가를 동참시킴으로써 존재를 확인받으려고 했다.

"넌 어떤 머리여도 예뻐."

그는 늘 싱글벙글 웃으며 흘리듯 답했다. 난 그 말을 무관심이라 오해했고, 여느 때처럼 서운해했다.

이별 후 몇 주 지났을 무렵. 일곱 장짜리 편지에서 그의 진심을 본 나는 용기를 내 전화를 걸었다. 다시 시작하고 싶었다. 그러나 그는 짧은 거절의 한마디를 뱉고 바로 수화기를 놓아버렸다. 내가 그렇게 사랑했는데 내가 그렇게 붙잡기까지 했는데 나를 밀어낸 그의 냉정한 한마디가 너무 아팠다. 그날 이후 그는 내 기억 속에서 나쁜 놈이 되어버렸다.

4학년 2학기, 대학원 준비와 20학점을 듣는 빡빡한 스케

줄을 소화하며 나는 그를 잊으려고 애썼다. 혼자서도 강한 '새로운 나'로 변하고 싶었다. 그러던 어느 날 미용실에 갔다.

"머리 어떻게 해드릴까요?"

그 쉬운 질문에 대답을 못했다. 새로운 나를 찾고 싶었지만, 그 나쁜 놈 때문에 변화한 모습은 내가 원한 '새로운 나'가 아니기 때문이었다. 결국 난 머리 끝을 살짝 다듬어달라는 말만 했다.

이별 후 미장원

그로부터 3년이 지났을 때 수백 번 반복해서 듣던 노래가 하나 있다. 박정현의 〈미장원에서〉. 다 잊었다 생각했는데, 가수의 목소리만큼이나 여렸던 내가 바보같이 울던 모습이 떠올랐다. 그 사람을 잊고 더 강한 자신으로 살기 위해 머리를 자른다는 가사. 내 안에선 분량을 다하지 못한 슬픔이 되살아났다.

내 슬픔이 기력을 다할 때쯤, 가사에 동의할 수 없다는 정체 모를 반감이 슬픔에 묶여 있던 이성을 깨웠다. 그 사람 때문에 헤어스타일을 바꾼다는 건, '난 이제 강해지겠다'는 선언인지도 모른다. 그러나 그 사람 때문에 헤어스타일을 바꾼다는 건, '난 여전히 약해요'라는 인정이기도 하다.

"차라리 구속받고 싶다"는 말은 '당신 없이 같은 헤어스타일로 살 수 없다'는, '당신 없이 더 이상 내가 나일 수 없다'는 말이나 마찬가지다. 타인에 의해 생겨난 감정 때문에 머리카락을 자른다는 가사를 반복해서 들을수록 화자의 의존적 태도에 동의할 수 없었다. 그제서야 헤어스타일에 변화를 주고 싶지 않았던 3년 전 내 감정의 실체를 알 수 있었다. 나는 나쁜 놈에게서 벗어나기 위해 헤어스타일을 바꾼다는 게 내키지 않았던 거다. 그 사람 때문에 마음이 다친 것도 싫은데, 그 사람 때문에 그동안 어울린다고 생각했던 헤어스타일까지 포기한다는 건 너무 가혹하지 않나.

'내 머리카락은 내 거야. 아무도 내 머리카락을 변화시킬 권리는 없어. 누군가에게 사랑받으려, 누군가로부터 벗어나려 헤어스타일을 바꾸는 일은 앞으로도 하지 않을 거야.' 그 이후, 난 온전히 내 판단에 따라서만 헤어스타일에 변화를 주었다.

"이런 게 자유라면 차라리 구속받고 싶은데……."

꽤 긴 시간이 흐른 지금도 난 이 가사에 동의할 수 없다. 다른 사람을 만나면 그땐 그 사람이 좋아할 헤어스타일을 하겠다는 건지, 여성은 자기 머리 하나도 마음대로 하지 못하는 의존적 존재라는 건지, 여성은 누군가로부터 감정의 지배를 받는, 그 감정으로부터 독립할 수 없는 존재란 건지.

스물세 살의 내가 머리카락을 자르지 않았던 건, 늘 부모님 또는 남자 친구에게 의존적이었던 나를 벗고 자존하려는 마음을 처음 자각한 선택이었다.

"넌 어떤 머리여도 예뻐."

자신이 좋아하는 외양으로 나를 바꾸지 않아도 '사랑한다'고 일곱 장짜리 편지에 구구절절 뒷북 쳤던 그놈. 그놈은 나쁜 놈이 아니었다. 내 결핍을 채우려 그놈의 사랑을 확인하려다 실패한 내가 그놈을 나쁜 놈이라 불렀을 뿐이다.

난 스물세 살 무렵 잠시 희미하게나마 자존을 자각했지만, 이후 10년 넘게 다시 의존적인 사람으로 살아왔다. 사랑받고 싶었던 난 늘 다른 사람들의 눈치를 봤고, 내 안에서 나를 서서히 지워갔다. 30대 후반 찾아온 우울증은 어른이 되고도 자존하지 못한 내가 '이제 그만!'을 외치는 일종의 징후였다. 지웠던 나를 찾기 위해, 의존적이던 나를 벗고 '자존'을 알아갔다. 자존할 줄 아는 사람이 어른이라는 것을 그때 처음 알았다.

여성은 남성에게 사랑받아야 하는 존재도 아니고, 남성은 여성에게 보살핌을 제공해줘야 하는 존재도 아니다. 물론 그 반대도 마찬가지. 남성이든 여성이든 자신을 사랑하고 홀로 온전히 존재할 수 있을 때 누굴 만나든 서로 좋은 에너지를 주고받을 수 있다. 자신을 사랑하는 사람은 자기 결핍을 채우기 위해 타인에게 억지스러운 감정 표현을 요구하지 않는다. 자신을 사랑하는 사람이야말로 타인의 아픔을 덤덤히 수용하고, 내 아픔도 덤덤히 나누는 건강한 사랑을 할 수 있다.

나다울 때 가장 만족스럽다

"와! 머리 진짜 잘 어울리네요."

난 몇 년째 같은 헤어스타일을 유지하고 있다. 귀밑 2센티미터를 넘기지 않는 짧은 단발의 굵은 웨이브 펌은 사각인 얼굴형과 숱이 없는 가는 모발의 단점을 가려준다. 아무렇게나 막 탄 가르마는 자유로운 나의 정체성을 보여주는 장치다. TV 드라마에서 크게 인기몰이한 탤런트의 헤어스타일이 유행해도 동요하지 않는다.

나의 독특한 헤어스타일 덕분에 의도치 않게 누군가의 기억에 각인되는 경우도 있다. 그러나 내 헤어스타일이 그리 특별한 건 아니다. 요란한 이름이 붙은 열 펌이 아닌 그냥 저렴한 웨이브 펌일 뿐. 단지 강한 인상을 주는 것은 삐뚤어진 가르마 때문이다.

아침에 바삐 머리를 손질하다 보면 오랫동안 길들여진 예전의 가르마로 돌아가 있다. 그럼 내 머리는 지극히 평범해진다. 그런 나를 보면 다시 의존적인 사람, 누군가의 사랑을 갈구하는 사람이 되어야 할 것 같다. 그래서 아무리 바빠도 가르마를 가만두지 않는다. 누군가에게 의존하려는 걸 매일 거부하고 있음이 헤어스타일에 반영된다는 게 재미있다.

"내 머리 어때? 예뻐?" 이제 난 아무에게도 이렇게 묻지 않는다. 나다울 때 제일 만족스럽고 제일 아름답다는 것을 내가 잘 알기 때문이다. 누구의 평가도 필요하지 않다. 가끔 '멋있다'는 피드백을 받으면 약간의 미소를 지을 뿐.

누군가의 사랑을 받아야 한다는 생각은 나를 가두어왔다. 이 틀을 버리자 내 헤어스타일의 결정권을 갖게 됐다.

나의, 나에 의한, 나를 위한 헤어스타일. 내면의 나를 표현해주기에, 외적으로 내면의 나를 확인할 수 있기에 나는 내 헤어스타일을 사랑한다.

정체성 찾기

'나는 누구인가'의 답을 찾으려면 단서들을 수집해야 한다. 나를 알기 위해 나 홀로 인터뷰어와 인터뷰이가 되어보자. 이때 주의 사항은 답을 말로만 하지 말고 꼭 글로 써보라는 것. 답변을 완성한 후 인터뷰이를 친구라고 생각하고, 이 친구를 관찰하자. 친구의 별명이 생각날 수도 있다. 단순하지만 이 별명이 가장 직관적으로 정체성을 나타내준다.

나 같은 경우 두 단어를 조합하여 나의 정체성을 나타낼 수 있는 별명을 지었는데 바로 '조용한 말괄량이'다. 이것보다 센스 있는 별명을 기대하며, 정체성 찾기 Q&A를 소개한다.

1. 오랫동안 좋아해온 나만의 곡은?

무언가를 선택할 때 누군가의 눈치를 봐야 하는 경우가 많지만, 음악은 내 마음대로 선택할 수 있는 가장 좋은 대상이다. 한두 곡만 꼽아보자. 왜 그 곡을 좋아하는가? 잘 생각해보라. 이유 없이 그냥 좋은 건 없다. 이유가 떠오르지 않는다면 그 곡을 묘사해보자. 사람마다 자기만의 필터로 어떤 대상의 특징을 걸러내기 때문에 좋아하는 곡을 묘사하는 것에는 나만의 관점이 반영될 수밖에 없다.

2. 좋아하는 영화는?

꼭 영화가 아니더라도 괜찮다. 영화, 애니메이션, 연극, 뮤지컬, 오페라, 발레, 드라마 중에서 좋아하는 작품이 있는가? 그 작품의 어떤 점을 좋아하는가? 등장인물 중 누가 좋은가? 이야기의 어떤 점이 좋은가? 전반적인 분위기를 좋아하나? 그 작품에서 주로 뭘 보는가? 가장 기억에 남는 대사는 무엇인가? 어떤 장면이 가장 기억에 오래 남는가? 만약 누군가에게 그 작품을 추천한다면 이유는 무엇인가?

3. 좋아하는 그림은?

그림을 좋아하지 않는 사람이라면 넘어가도 좋지만, 누구나 봤을 때 기분 좋아지는 시각적 대상 하나쯤은 있는 법이다. 왜 그 그림을 좋아하는가? 색감을 좋아하나? 인물이 등장한다면 그 사람의 어떤 점이 좋은가? 화가의 붓 터치가 좋은가? 배경이 마음에 드는가? 구도가 마음에 드는가? 그림에 반영된 작가의 어떤 관점이 좋은가?

4. 좋아하는 운동은?

같은 운동을 좋아해도 그 이유는 조금씩 다르다. 수영을 좋아하는 사람은 많다. 그런데 그 이유를 물어보면 누군가는 물속을 유영하는 것이 자유로워서 좋다고 하고, 또 누군가는 힘들게 목표 지점에 도착했을 때 숨을 몰아쉬며 느껴지는 성취감이 좋다고 한다. 배드민턴을 좋아하는 누군가는 게임에서 이기는 게 좋다고 하고, 또 누군가는 빠른 셔틀콕에 본능적으로 반응하는 느낌이 좋다고 한다. 그 운동이 나에게 선사하는 것은 무엇인가?

5. 오랫동안 좋아해온 물건은?

그런 물건이 없다면 패스! 내 경우엔 이 질문이 도움이 되었기에 포함시켜봤다. 비싼 브랜드의 옷들을 포함해 많은 옷을 버린 내가 10년 넘게 좋아한 가방이 있다. 이유를 생각해보니, 그 가방엔 틀에 얽매이는 걸 싫어하고 뻔한 걸 싫어하는 내가 있었다. 패션 아이템이 아니어도 괜찮다. 친구가 여행지에서 보내준 엽서라든지 어린 시절 손에서 놓지 못했던 애착 담요가 있었다면, 그 물건이 내게 어떤 의미가 있는지 그 물건의 어떤 점이 좋은지 떠올려보자.

6. '저 사람 참 멋있다'는 누구?

같은 사람을 좋아하더라도 역시 각자의 필터에 따라 그 사람을 바라보는 관점은 크게 다르다. 나는 패션 컨설팅을 의뢰한 고객을 상담하기 전에 어떤 점 때문에 나를 찾아왔는지 꼭 물어본다. 그가 나에 대해 뭘 봤는지 알고 싶어서다. 어떤 사람은 내게서 카리스마를 봤다. 그는 '나는 힘있다'를 원하는 사람이었다. 또 어떤 이는 내가 대체 불가능한 일을 하고 있음이 부럽다고 했다. 그는 '나는 특별하다'를 원하는 사람이었다.

어떤 이는 '멋있다'는 사람으로 스티브 잡스를 꼽았는데, 이유가 상당히 독특했다. 유명인인데도 수술 새치기를 하지 않았다는 점 때문이었다. 그렇게 말했던 이는 기초 질서 지키기를 중시했다.

7. 왠지 끌리는 룩은?

패션 아이콘의 룩이 아니라 무명의 모델이 걸친 끌리는 룩을 찾아보자. '입다'의 대상으로 생각하면 선택하기가 참 어렵지만, '보다'의 대상일 때 '아, 좋다'라는 생각이 드는 걸 골라보자. 나는 집시와 매니시 룩이 적당히 어우러진 룩을 좋아한다. 독특하고 자유로운 것이 좋다는 정체성과 지적인 것이 좋다는 정체성이 공존하는 내 모습과 딱 맞아떨어지기 때문이다. 이런 탐구를 하기 전까지는 잘록한 허리를 강조하는 프린트 드레스를 수없이 사들이고 방치하는 사람이었다.

주의할 점은 너무 유명한 사람의 룩을 고르지 않는 것이다. 패션 아이콘이 입으면 다 멋진 법이라 순수하게 그 사람의 옷을 멋지다고 생각하는 건지 알기 어렵다.

8. 내일 죽는다면 당장 그만두고 싶은 일은?

내가 누구인지 간접적으로 파악할 수 있는 유용한 방법이다. 고등학교 수학 시간에 배웠듯, 'A이면 B이다'가 참이면 'Not B이면 Not A이다'도 참이니까. 어떤 걸 싫어하는 사람인지에서 내가 누구인지도 드러난다. 요리를 좋아하나 설거지를 싫어하는 사람이라면 단순 노동보단 창의적인 작업을 좋아하는 사람일 것이다.

9. 가장 화가 날 때는?

8번과 유사한 질문이다. 분노는 누군가가 소중히 여기는 가치가 훼손되었을 때 감정적으로 표출된 결과다. 감정은 가장 솔직한 나 자신을 보여준다. 화가 났다가도 '이러면 안 되지'라는 생각이 드는 건 '화를 내는 건(감정적인 건) 옳지 못하다'는 가치가 주입된 결과다.

여기서 중요한 건 '화나다'와 '화내다'는 다르다는 것. '화나다'는 나의 감정 상태이지만, '화내다'는 내 감정을 타인에게 전하는 행위다. '화내다'는 갈등을 유발할 수 있으므로 조절해야 한다. 하지만 '화나다'에는 죄책감을 느낄 필요가 없다. '화나다'는 내가 어떤 사람인지 알려주는 좋은 단서다. 내가 언제 '화나다'를 경험하는지 들여다볼 줄 아는 사람은 건강한 사람이다. 나의 감정을 책망하기보다는 자신의 감정을 있는 그대로 받아들이고 자신이 누구인지 관찰해보자.

10. '아, 내가 살아 있구나!'라고 느낄 때는?

어떤 이는 수영장에서 혼자 여유롭게 떠 있을 때 자유를 느낄 수 있어서 기분이 좋다고 말하는가 하면, 어떤 이는 물에 빠져 익사할 뻔했다가 물에서 나왔을 때 살아 있음을 느낀다고 말한다. 굳이 구분하자면, 전자는 자유로운 영혼이고 후자는 생존형 인간이다.

11. 3개월 안에 죽는다면, 반드시 하고 죽어야 할 일 10가지는 무엇인가? 각각에 대해 이유를 써보라.

99세에 돌아가신 외할아버지께선 임종의 순간, 우셨다. 사회에서도 가정에서도 성공한 인생이었을 뿐 아니라 별다른 병 없이 노년을 보내셨는데 왜 그러셨을까? 얘기를 나눠보지 않아서 정확히는 모르겠다. 너무도 모범적인 삶을 살았기에 '조금만 용감했더라면!' 하고 갑자기 후회하셨는지도. 외할아버지의 죽음을 생각하며 이런 생각을 해봤다. 내가 죽는 순간 울지 않고 웃으며 눈 감을 수 있으려면 지금부터 뭘 해야 할까?

꼭 3개월 안에 성과를 낼 필요는 없다. 3개월은 '생'이란 것이 얼마 남지 않은 양초처럼 유한한 자원임을 상기시키기 위한 기간일 뿐이다. '내일 지구가 멸망해도 한 그루의 사과 나무를 심겠다'는 마음은 사과 나무를 심어서 성과를 내겠다는 마음이 아니라 사과 나무를 심는 일이 그럼에도 나에게 큰 의미가 있음을 의미한다.

단, 시간과 돈의 제약이 없다는 가정하에 작성해볼 것. 모든 여건이 갖춰졌다고 생각했을 때 어떤 일을 하고 싶은지 적는 것이 핵심이다. 작성하는 동안 자기 검열은 필요하지 않다. '내가 너무 유희적 인간인가?', '너무 비현실적인데' 같은 생각은 쓰레기통에 과감히 버려라. 사회화 과정을 거치면서 대부분의 사람이 자신의 욕망에 솔직하지 못한 채 살아간다. 그런 태도는 자기 자신으로 살지 못하게 방해한다. '오르가슴을 느껴보고 싶다', '범죄로 한탕해서 일확천금한다', '아무것도 하지 않고 쿠키와 빵을 먹으며 보내고 싶다' 같은 내용을 쓰더라도 전혀 죄책감을 느끼지 말자. 글로 써보는 건 범죄가 아니니까.

정체성 찾기

여기까지 따라왔다면 이러한 질문을 통해 어떻게 자신의 정체성을 찾는다는 건지 궁금할 것이다. 나의 경험을 살려 예로 들어보겠다. 최유리의 나만의 곡은 브라질 아티스트 셀소 폰세카의 〈Bom Sinal〉이다. 이 곡을 들으면 보사노바 특유의 단조롭지 않은 리듬 덕분에 바닷가 해먹에 누워 여유 부리고 싶다가도 세련된 마이너 멜로디와 심플한 편곡 때문에 책이라도 한 권 집어들어야 할 것 같다. 나는 시끄럽고 요란한 자극은 싫어하고 조용한 고독을 즐기지만, 장난스럽게 세상을 관찰하고 책으로 그것을 더 깊이 탐구하는 걸 좋아한다. 또 난 감정을 절제하는 세련된 사람이길 원한다. 그런 마음이 '조용한'이라는 형용사와 '말괄량이'라는 명사를 결합하여 상반된 정체성이 공존하는 절제된 별명으로 표현되었다.

이 별명을 옷에 대입하면 이렇다. '조용한 말괄량이'는 여행 중 레이스 스커트를 입기도 하지만, 지나치게 우아하거나 요란한 걸 피하기 위해 화이트 스니커즈와 화이트 후드티를 함께 매치한다. 장난스러움을 좀 더 표현하기 위한 장치는 삐딱한 가르마의 단발 웨이브 헤어, 미러렌즈 선글라스, 실버색상 드라이빙 글로브, 빨간 크로스백이다.

'조용한 말괄량이'라는 별명을 정한 후 삶에서 가장 큰 변화는 논문을 그만둔 거였다. 지나고 보니 논문을 쓸 때마다 꼰대 같은 누군가의 심사를 받아야 하는 절차가 '말괄량이'로선 답답했다. 또 과거엔 나를 '말괄량이'로만 알았던 탓에 모임에서 말을 아끼지 않아 공허하고 피로했지만, 지금은 내가 조용한 사람임을 알기에 에너지를 아끼다 오려 한다. 별명이 생긴 후론 타인에게 맞추기보단 내 본성을 그르치지 않으려 하고, 타인과의 대면에서 내가 불편하지 않을 커뮤니케이션 방식이 무엇인지 생각하고 결정한다. 과거엔 인간관계가 제한적이었지만, 지금은 만나는 사람이 다양하다. 내 에너지가 부족함을 알기에 카카오톡은 최소한만 사용한다.

여러분도 자신의 정체성을 표현하는 별명을 지어보길 바란다. 이해와 흥미를 돕기 위해 내가 컨설팅했던 몇 분들의 예를 더 소개하겠다(물론, 책에 쓰겠다는 동의를 구했다).

남프랑스 별장의 소설가

'남프랑스 별장의 소설가' 님 작명 시 힌트를 얻은 건 좋아하는 그림과 노래였다. 모네의 〈아르장퇴유의 양귀비〉와 제프 버넷의 〈If you wonder〉은 매우 상반되는 분위기였다. 그리고 버킷리스트에선 현재 직업과 달리 창작 욕망이 엿보였다. 상담을 나누며 지금의 답답한 일상을 벗어나 아름다운 자연이 있는 곳에 머무르고 싶은 마음(그림에서 이것이 보였다)은 있지만, 세련된 도시 인프라를 완전히 포기하고 싶지 않다는 마음(음악에서 이것이 보였다)도 있음을 확인했다. 버킷리스트에선 매우 다양한 여행지 후보가 등장했는데 가장 가보고 싶은 지역이 어딘지 묻자, 남프랑스 지역이라고 대답했다. 나는 파리의 세련된 일상에 살고 있던 소설가가 가끔 도시의 분주함과 무기력함을 떠나 남프랑스의 별장으로 글을 쓰러 가는 설정을 상상해보았다. 그래서 탄생한 것이 '남프랑스 별장의 소설가'이다.

옷은 전반적으로 심플하고 지적인 느낌으로 직선적인 실루엣을 선택하되 낭만적인 무드의 핑크를 권해드렸고, 제프 버넷의 음악처럼 세련된 액세서리들을 찾아내어 추천했다. 삶은 달라지지 않았지만, 옷에서 상당한 해방을 경험하였다고 한다.

걍 환타걸

인터뷰에 대한 답을 글로 써온 걸 가만히 읽다 보면 자주 등장하는 관용어를 볼 수 있다. 사람마다 그 관용어는 다른데, 관용어에서 사람의 성향이 읽히기도 한다. '환타걸' 님은 '걍'이라는 단어를 즐겨 사용했는데 그녀의 일상이나 표정에서 드러나는 분위기와 달리 속마음은 자유를 향한 열망이 커 보였다. 그래서 그 열망을 '걍'이라는 단어로 시원하게 표현하기로 했다.

이 분은 조용조용 말수가 적지만, 판타지 장르를 좋아하고 만화를 그리는 분이었다. 나는 판타지를 좋아하는 성향을 만화적으로 표현하여 '환타'라는 단어를 선택해보았다. '걍 환타걸'은 그렇게 탄생했다. 여기서 상반되는 단어를 결합하지 않은 이유는 자신감을 잃은 채 상당 기간 오래 자신의 욕망을 억제하고 살았던 '환타걸' 님이

'걍' 훨훨 날아갔으면 해서였다.

'환타걸' 님과 만난 건 겨울이었는데, 만화가의 자유로움이 연상되는 화이트 후드티, 후드티의 발랄함을 절제시켜줄 아이템으로 코트를 권했다. 코트 색상은 그녀의 조용하면서 예리한 성향을 반영해서 카멜색으로, 키가 큰 그녀의 체구에 딱 맞는 남성용 코트를 권했다. 또 자신의 내면을 가장 잘 표현하는 색상이지만 옷으로 입는 건 두려워했던 연보라색을 머플러로 추천했다. 마지막으로 '걍'을 헤비메탈이 연상되는 팔찌로 표현해드렸다.

빛을 품은 다쓰에

'다쓰에' 님의 작명은 좋아하는 소설의 주인공에서 힌트를 얻은 경우다. '다쓰에' 님은 가와바타 야스나리의 단편 〈서정가〉의 '다쓰에'에게 상당한 애정을 갖고 있었다.

"저는 '다쓰에'가 가진 영적인 능력이 '다쓰에의 빛'이라고 봐요. 그 빛을 다쓰에가 좀 더 자신을 행복하게 하는 방향으로 사용했더라면 다쓰에의 삶이 어땠을까 안타까웠어요."

나는 그녀가 다쓰에에게 자기 자신을 이입하고 있음을 알았다. '다쓰에의 빛'이라는 그녀의 말을 활용해보기로 했다. '빛나는 다쓰에'라고 말하기엔 당시 '다쓰에' 님의 자존감이 높지 않은 상태였다. 나는 언젠가 그녀가 그 빛을 품에서 꺼내어서 자신은 물론 타인도 행복할 수 있도록 비추어주는 사람이 되리라는 희망을 표현하고 싶었다. 그래서 탄생한 이름이 '빛을 품은 다쓰에'다. 컨설팅이 끝나고 몇 달 후 '다쓰에' 님은 자신이 가진 모든 재능을 모아 동화 같은 자신의

일기를 스톱모션 드라마로 만들어 소개하는 유튜브 채널 '지구에설
아'를 시작했다.

내가 권한 옷에서 가장 기억에 남는 건 영적인 사람 특유의 예리함
을 앞트임으로 표현한 미디 길이 데님 스커트, 단추를 몇 개 푼 화이
트 셔츠, 그리고 눈꼬리가 내려간 얼굴에 카리스마를 살려줄 선글라
스이다.

How to

"자존감 낮은 저,
이럴 땐 어떻게 해야 할까요?"

나를 찾아오는 분들과 옷에 대해 이야기하다 보면 자존감에 대한 이야기로 옮겨갈 때가 많다. 난 상담 전문가도 아니고 정신과 전문의도 아니지만, 아픈 내면을 다스리기 위해 홀로 이런저런 노력을 해온 자존감 높이기 유경험자이다. 그러다 보니 한마디씩 건네게 되는데, 그간 나누어온 이야기를 소개할까 한다. 같은 질문을 먼저 던지고 나름의 결론을 얻은 나의 지극히 개인적인 생각이지만 여러분께 도움이 될 것이다.

1. "상처 주는 타인의 말과 행동, 너무 아파요."

약한 사람은 '네가 뭘 하든 난 상처로 받아들이겠어' 같은 태도에서 벗어나지 못하고, 단단한 사람은 '네가 그렇게 나와도 난 상처로 받아들이지 않겠어' 같은 태도로 살아간다. 상처는 타인이 주는 것이지만, 상처로 인식할지 말지 결정하는 권한은 나에게 있다. 타인의 언행에 대한 불쾌함은 피할 수 없지만, 그 사람과 나의 관점 모두에서 상황 전체를 돌아보자. '저 사람은 왜 저런 말과 행동을 하게 됐을까?', '나는 저게 왜 불쾌할까?' 이해하는 과정에서 공평함을 유지하자. 이런 과정을 거치다 보면 상대방은 그저 '나쁜 사람'이 아니라 '사는 게 바쁜 사람', '자기 영역을 확장하는 데 집중하는 사람', '남 평가하느라 본인 단점은 못 보는 사람', '식탐이 많은 사람' 등 어떤 특징으로 각인된다. 또한 이 과정에서 나를 더 이해할 수 있음은 물론, 나는 상처받은 사람이 아니라 섬세한 사람이라는 결론에 이르게 된다. '그 사람은 누굴 만나든 그렇게 행동할 거야', '난 어떤 가치를 추구하는 사람이었구나' 이런 결론을 얻었다면, 더 단단한 사람이 되었다는 증거!

2. "루저 같은 제 인생, 너무 한심해요."

이런 생각이 든다면, 글을 써보자. 이 책에 실린 거의 대부분의 글은 과거의 나와 내 상황 모두를 관찰자의 시선으로 돌아보는 과정에서 쓰였다. 중반부에는 '내가 그래서 그랬구나' 하는 고백이, 마지막에는 '그럼 앞으로 어떻게 살고 싶은데?'에 대한 답으로 이어진다. 생각만 하는 것과 글로 쓰는 건 매우 다르다. 글쓰기는 미래 지향적인 행위다. '루저' 같은 인생이어도, 글쓰기 전과 후로 인생이 나뉠 수 있다. 루저로서 자신이 겪은 상황을 관찰자의 시선으로 묘사해보라. 강자의 논리가 지배적인 주제일수록 약자의 입장에서 쓴 세밀한 글은 좋은 글이 된다. 생각 많은 '루저'가 아니라, 좋은 글을 쓴 '위너'가 되어보자.

3. "잘 나가는 친구들 앞에서 제가 너무 작아져요."

학교 때 성적은 비슷했는데 잘 나가는 친구들 때문에 콤플렉스에 시달리던 Y. '나는 누구인가?'를 성찰하는 과정에서 발견한 건 억대 연봉을 자랑하는 친구들이 늘 부러웠지만 그렇다고 자신이 숫자로 표현되는 성과에 목숨 거는 타입은 아니라는 것이었다. 진심에서 우러나오는 소통을 나누고 누군가의 성장을 돕는 것. 그것이 그에게 가치 있는 일이었다.

정체성에 대한 고민이 끝나면, '나는 어떤 가치를 추구하는 사람인가?' 자문해보자. 지향하는 가치, 즉 목적지가 불분명하면 우린 사람들이 우르르 몰려가는 곳으로 향하게 되고, 선두에 서지 않으면 불안해진다. 그러나 인생이란 마라톤을 달리는 동안 즐겁고, 도착한 후 진심으로 '해냈다'고 기뻐할 수 있는 코스는 사람마다 다른 법. 자기만의 코스를 즐기기에도 인생은 짧다.

4. "제가 주인공이 안되면 불안해요."

관심과 인정 욕구가 컸던 M은 카톡방에서 자신의 말에 아무도 대꾸하지 않을까 봐, 페이스북에서 '좋아요'가 한두 개에 그칠까 봐 불안해했다. 이런 이들에게 하고 싶은 말. 첫째, 의미 있는 소수의 타인과 깊이 있는 대화를 나누어 사랑받는다는 경험을 충분히 해볼 것. 둘째, 크리에이터가 되어볼 것. 크리에이터가 되면, 내가 주인공이 된다. 자신의 콘텐츠에 응원을 보내는 구독자들과의 소통은 자존감을 향상시키는 데 상당한 도움이 된다. 만약 이상한 구독자가 생겨나면 그건 유명해지고 있다는 증거.

5. "실패하고 나면 나락으로 빠져요."

실패는 누구나 할 수 있다. 실패하더라도 혼자 있지 말고 사람들 가운데 있자. 약간의 소음이 있는 카페나 공원, 도서관에 있는 것이 정신 건강에 의외로 도움이 된다. 우울증에 빠진 날 살려준 것은 아파트 단지에서의 가벼운 걷기였다. 실패를 통해 무엇을 배웠는지 집중하자. 배움과 깨달음이 모이다 보면 지혜로운 사람이 된다. 반전 스토리의 주인공이 될지 누가 알겠는가?

6. "저는 단점만 있는 사람 같아요."

단점만 있는 사람은 없다. 나는 어릴 때 "너무 예민하다", "이기적이다", "철이 없다"는 말을 자주 들었다. 나의 어떤 면이 단점이라 비난받는 건 타인과 내가 갖는 이질성 때문일 수 있다. 남들이 말하는 단점은 나만의 무기가 될 수도 있다. 나는 예민하기 때문에 남들이 흘려버리는 디테일을 포착할 수 있었고, 이기적이기 때문에 나만의 세계에 집중할 수 있었으며, 철이 없기 때문에 겁 없이 다양한 영역을 넘나들 수 있었다고 믿는다. 누군가가 비난했던 단점 때문에 아무도 하지 못하는 자기만의 영역은 무엇일까 꼭 찾아보길 바란다.

7. "저조차 이해할 수 없을 만큼 전 이상한 것 같아요."

'오이를 싫어하는 사람들의 모임'(https://www.facebook.com/cucumberhaters/)은 2년 만에 팔로어 10만 명이 넘은 페이스북 페이지다. 정상과 이상을 나누는 기준은 어디까지나 상대적이다. 찾아보면 어딘가에 내가 정상으로 느껴질 만한 집단이 꼭 있다. 찾아보자. 모임이 없다면 만들면 된다. 당신은 혼자가 아니다.

8. "해야 하는 일을 하기 싫어 시간을 흘려보낼 때 자책해요."

피곤해서 집에서 편히 쉬고 싶은데 집이 너무 지저분할 때, 배가 고픈데 해야 할 설거지가 산더미일 때 등 나 역시 그 무게에 짓눌려 아무것도 못하고 시간을 흘려보내는 경우가 많다. 그럴 땐 하기 싫은 일을 끝냈을 때 내가 경험할 즐거움을 먼저 떠올려보자. 샤워하기 싫으면 샤워한 후의 개운함을 떠올리고, 운동 가기 싫으면 변화된 몸을 보는 즐거움을 떠올려보자. 내가 더 좋아하는 상태를 위해 기꺼이 과정을 즐기자.

9. "아무도 저를 칭찬해주지 않아요."

아주 사소한 일이라도 스스로 칭찬하며 즐거워해보자. 새로운 보디 제품을 산 후 '향이 좋은 걸 참 잘 골랐다', 잠시 휴식차 커피를 마시기 위해 번잡한 쇼핑몰 밖으로 이동한 후 '여기 온 건 탁월한 선택이었다', 이렇게 그때그때 상황에 맞는 사소한 칭찬을 해보자. 중요한 건 타인에게 바라지 않는 것. 스스로 가치 있는 사람이라고 칭찬을 거듭하다 보면, 밝고 긍정적인 에너지에 사람들의 관심이 저절로 따라온다.

10. "남자 친구 하나 없는 제가 너무 초라해요."

남자 친구가 없어 외로움을 많이 느낀다면, 종종 이렇게 말해보자. "너는 아무나 함부로 만날 수 없는 소중한 사람이야." 내 존재를 50년은 견뎌줄 누군가를 만나기 위해 내 옆자리를 비워둔 것이다. 누가 옆에 앉기 전까지 홀로 해야 하는 일을 즐기면 성숙한 어른이 되는 것이다. 사랑에서 개인의 성숙이 얼마나 중요한지는 에리히 프롬의 《사랑의 기술》을 참고할 것. 사랑은 내 결핍을 채우기 위해 누군가를 만나는 게 아니다.

11. "이상한 사람 때문에 너무 괴로워요."

나를 세상에서 가장 열등한 존재로 격하시키고 그들 앞에서 절절매게 하는 자존감 뱀파이어들. 그들은 관계 맺기에서 경험하는 어려움을 피하기 위해 관계를 장악하는 편을 택한다. 아무리 이해해보려해도 이해할 수 없는 궤변의 선수들은 피하는 게 상책이다.

12. "아무도 제 슬픔에 공감해주지 않아요."

정혜신 박사는 《당신이 옳다》에서 집밥 같은 위로를 건네는 공감자가 얼마나 중요한지 말했다. 가까운 곳에 공감자가 있으면 참 좋겠지만 모든 사람이 그런 사람을 만날 수 있는 것은 아니다. 곁에 그런 사람이 한 명도 없었던 난 한동안 정말 힘든 시기를 경험했다. 흥미롭게도 나는 공감자가 아니라 글 쓰기를 통해 치유를 경험했다. 나 자신이 글 속에서 공감자의 역할을 해준 것이다. 내가 엄마에게, 친구에게 가장 듣고 싶었던 그 말을 스스로 나에게 해보자. 내 아픔을 가장 잘 아는 사람은 바로 나 자신이다. 글로 쓰고 또박또박 소리 내 읽어보자. "그래, 그랬구나. 너 많이 힘들었겠다. 내가 거기서 널 꼭 꺼내줄게." 글 쓰기를 반복하다 보면, 단단한 자신을 만날 수 있다.

$$\overline{}$$

(How to)

자존감과 몸매 둘 다 잡는 법

다양한 미디어에서 마른 여성의 몸이 이상적이라는 관점을 접한다. 그리고 상당수는 이 기준에 암묵적으로 동의한다. 그러나 과연 우린 타인의 기준에 맞추기 위해 무리하게 다이어트를 해야 하는 걸까? 누구나 걸그룹 같은 몸매가 되어야 할까?

아니다. 그러나 '마른 몸이 되려는 건 자신을 사랑하지 않는 것이다' 라는 말에 100퍼센트 동의하지는 않는다. 자연에서 수렵 채집 생활을 했던 인간의 몸은 원래 소식하고 많이 움직였을 때, 결국 지방이 덜 축적되었을 때 건강하도록 설계되어 있으니까. 따라서 몸에서 지방을 줄이려는 노력이 꼭 자신을 학대하는 행위는 아니라고 본다.

여기서 강조하고 싶은 건 다이어트의 출발점이다. 다이어트의 출발점은 나 자신의 행복과 건강이어야 한다. 타인의 시선에 맞춘다는 것이 다이어트의 목적이 된다면 그건 하나의 처벌과도 같다. 그렇다면 나의 내면을 사랑하면서도 자신의 몸을 사랑하는 것이란 어떤 걸까? 오랫동안 나 자신을 위해 식단 조절과 운동을 해온 내 관점을 소개한다.

1. 가장 큰 욕망을 위해 행위의 우선순위를 바꾼다

20대 내내 통통했던 난 40대인 현재 더 적은 체중으로 살고 있다. 이것저것 다 해봤지만, 최고의 관리법은 역시나 운동과 식이요법이었다. 사실 난 운동하기보다는 침대에서 쉬기를 좋아하고, 닭 가슴살보다는 삼겹살을 좋아한다. 그럼에도 불구하고 다이어트에 성공한 비결은 내 욕망에 대해 질문을 제대로 던져봤기 때문. '난 무엇을 가장 욕망하는 사람인가?'

욕망의 우선순위를 정해보자. 내 경우 '조용한 말괄량이'의 필수 아이템인 스키니 진과 미니스커트를 멋지게 소화하고 싶다는 욕망이 휴식이나 삼겹살에 대한 욕망보다 우위에 있었다. 단지 몸매 관리를 선택한 게 아니라 나의 장기적 즐거움을 선택한 것이다. 욕망의 우선순위를 명확히 하고 보니, 운동과 식이요법을 즐길 수 있게 되었다.

2. 내 몸의 통제권이 나에게 있음을 즐긴다

살이 찌면 별로 기분은 좋지 않지만 자책하지는 않는다. "운동 좀 하고 식단 조절 좀 하면 금방 돌아와. 난 충분히 그렇게 할 수 있는 사람이야."

내가 내 몸을 통제할 수 있다는 믿음, 즉 자기효능감은 자존감을 높여준다. 한두 달 열심히 운동하면 원래의 몸매로 돌아오는 경험을 반복하다 보니, 살이 찌더라도 편안한 마음으로 나를 믿을 수 있다. 더 날씬한 사람이 되려고 하기보다는 나를 더 믿는 사람이 되어보자.

$$Q \& A$$

정체성을 스타일리시하게 입는 법

정체성을 입으면 '행복하다'를, 정체성을 스타일시하게 입으면 '멋있다'를 경험할 수 있다. '멋있다'를 꿈꾸는 이들의 질문을 모아보았다.

1. "좋아하는 옷과 일상이 너무 동떨어질 땐 어떻게 해야 할까요?"

40대 후반의 주부 '럿지하는 흰 고양이' 님은 골드 펄 드레스를 입은 비욘세의 사진을 보여주었다. 그녀의 일상을 고려했을 때 그런 드레스는 거의 입을 일이 없다. 그렇다고 욕망을 외면해야 되는 것은 아니다. 나는 화려한 섹시함을 몰래 은근히 즐기라는 뜻에서 베이지색 니트 드레스에 골드 펄 스타킹을 매치한 룩을 권했다. 좋아하는 옷이 일상과 너무 동떨어질 땐 좋아하는 옷에서 어떤 요소를 좋아하는지 생각한 다음, 그 요소가 포함된 아이템이 토털룩의 한 부분을 차지하도록 입는 것이 욕망을 반영하는 실용적인 옷 입기의 방법이다.

2. "좋아하는 옷과 체형을 보완하는 옷 중 어떤 옷을 입어야 할까요?"

키 153센티미터인 '남프랑스 별장의 소설가' 님은 롱앤린 스타일을 선호했다. 하지만 키가 작아 긴 코트를 입을 수 없었다. 그래도 그녀의 로망임은 분명했다. 롱 코트는 황금 비율에 맞게 기장 수선만 하면 키가 작아도 얼마든지 입을 수 있다. 좋아하는 옷을 포기하기보다는 그 옷을 어떻게 내 신체 조건에 맞게 입을 수 있을지 생각하자. 물론 다리가 굵은데 쇼츠를 입고 싶다면 운동을 먼저 해야겠지만, 다리를 노출하는 게 아니라 쇼츠의 발랄함을 좋아하는 것이라면 보이프렌드진으로 대체하면 된다. 한편, 체형의 단점을 장점으로 승화시키는 방법도 있다. 가슴에 볼륨이 없는 사람은 브이넥으로 깊이 파진 톱이나 시스루 룩을 입어도 부담스럽지 않게 섹시함을 표현할 수 있다.

3. "긴장감 있는 옷을 불편하지 않게 입는 법 없을까요?"

긴장감 있는 옷을 불편하지 않게 입는 방법은 두 가지다. 핏이 헐렁하면서 슬릿 디테일이 있는 옷을 선택하는 법이 첫 번째다. 슬릿 디테일이 주는 느낌은 날카로운 느낌을 더해줘 몸을 불편하지 않게 하면서 긴장감을 줄 수 있다. 편안한 옷을 입고 스퀘어 다이얼 시계를 찬다거나 각진 귀걸이를 착용하는 것도 한 방법. 스틸레토 힐 대신 앞코가 뾰족하거나 측면에 슬릿이 들어간 로퍼를 선택하는 것도 좋다. 두 번째 방법은 신축성 있는 옷을 선택하는 것이다. 포멀한 옷은 무조건 불편하게 입어야 한다는 고정관념을 버리고, 신축성 있는 소재를 택해보자. 유니클로 남성복에서 큰 인기를 모았던 감탄 팬츠와 감탄 재킷이 바로 이런 사례다.

4. "한 번도 뜻대로 입어본 적 없는 제가 원하는 옷을 어떻게 찾을 수 있을까요?"

이 문제를 해결하려면 시간이 필요하다. 나는 몇 년간 패션 사진을 모아 스크랩했다. 이렇게 모아뒀다가 싫증나는 사진은 정기적으로 정리했는데, 그렇게 몇 년 하다 보니 내가 한 번도 입지 않았지만 늘 원하던 옷을 담은 사진만 남게 됐다. 그렇게 해서 처음 시도해본 옷이 화이트 셔츠 드레스. 시끄러운 것을 싫어하는 조용한 기질이 화이트 셔츠 드레스에 반영된 것 같아 지금도 마음에 든다. 패션 사이트나 패션 잡지에서 좋아하는 사진을 모아보자. 그런 작업을 오래하다 보면, 내 옷장에 어떤 옷을 들여야 할지 알게 될 것이다.

5. "신발과 가방이 중요할까요?"

당연히 답은 'Yes'. 디테일 가득한 옷을 입은 후, 현관문을 나서기 직전 대충 든 가방과 편해서 선택된 신발이 만나면 매우 촌스러운 룩이 된다. 비싸지 않은 거라도 배색을 고려해서 신발과 가방을 선택하면 전체 스타일이 멋있어진다. 신발과 가방에 돈 쓰기 아깝다 생각하지 말고 전신거울을 보며 전략적으로 쇼핑해보자!

6. "정체성에 맞는 아이템, 언제까지 수집해야 할까요?"

글쎄, 본인이 만족할 때까지? 아마도 평생이지 않을까 싶다. '맛있는 음식을 언제까지 찾아다니며 먹어야 할까요?'와 비슷한 질문이 아닐까? 좋은 결과를 누리려면 노력이 따른다는 걸 잊지 말자.

chapter 3

진정한 아름다움은 삶에서 나온다

진짜 왕자를 알아보는 법

돈과 권력으로는 타인의 마음을 얻을 수 없다

디즈니 만화영화 〈미녀와 야수〉는 힘센 근육맨 개스톤의 노래로 시작된다.

"나에게 얼마나 많은 트로피가 있는 줄 아는가? 얼마나 많은 여자가 나를 멋지다고 칭송하는 줄 아는가? 벨, 그대는 나 같은 영웅의 부인이 되면 분명 행복해질 것이다!"

그러나 벨은 개스톤에게 관심이 없다. 책을 사랑하는 벨은 자신이 읽던 책에 시선을 고정시킨 채 그의 말을 바람처럼 흘린다. 참다 못한 개스톤은 벨이 읽던 책을 낚아챈다.

"여자가 책 읽고 똑똑해지면 따지는 게 많아서 골치 아파!"

결국 벨은 개스톤에게 관심을 보이는데, 개스톤에게 반해서가 아니라 그의 거만한 태도에 화가 났기 때문이다. 엠마 왓슨이 연기한 〈미녀와 야수〉에서 벨은 이렇게 말한다.

"지금 내가 작은 시골 마을에 산다고 해서 단순한 사람은 아니야."

꿈꾸는 표정으로 책 속 세상을 여행하는 벨은 마을 사람들에게 도저히 이해할 수 없는 존재다. 아름다운 외모와 어울리지 않게(?) 대범함과 지적 호기심으로 눈이 반짝반짝 빛난다. 그녀의 유일한 지지자는 아버지다.

개스톤은 그녀의 내면에는 관심이 없다. 전쟁 후 전리품을 취하는 것처럼 자신의 힘을 자랑하려면 마을 최고의 미인 벨을 (벨의 의지와는 전혀 상관없이) 얻어야 한다고 생각한다.

개스톤이 아무리 힘 자랑을 해도 벨은 그에게 관심을 보이지 않는다. 약이 오른 개스톤은 벨을 더 알아가려고 노력하기는커녕 자신의 강함을 더 과시한다. 그는 마을 사람들에게 '야수가 마을 사람들을 위험에 빠뜨릴 것이다'라는 공포감을 조성한다. 억지 전투를 시작해서 홀로 영웅이 되려는 것이다.

그러나 역시 벨이 그를 사랑하는 일은 일어나지 않는다. 보는 우리는 알지만 개스톤만 모르는 사실. 그는 그녀를 사랑한 적이 없다. 개스톤은 그녀를 자신의 수많은 트로피 중 하나로 자랑하고 싶었을 뿐이다. 벨의 거듭된 외면에 나르시시스트

개스톤은 분개한다. 벨이 자기 같은 대단한 남자를 사랑해주지 않아 망신을 줬다며. 개스톤의 세계에서 벨은 개스톤 같은 대단한 남자가 '오라'고 명령하면 '네' 하고 복종해야 하는 존재다.

흥미롭게도 정작 벨이 마음을 열어 보인 사람은 얼어붙은 성에서 은둔하는 야수다. 야수의 외모는 흉측하기만 하다. 그러나 야수는 벨의 대범함과 지적 호기심에 '이상하다'는 시선을 보내지 않는다. 야수에게는 자신이 아무리 힘세고 재력을 갖췄어도 그것으로는 타인의 마음을 얻을 수 없다는 겸허함이 있다. 물론 그 겸허함은 타고난 게 아니었으니, 야수에게 걸린 마법은 어찌 보면 축복이라고 할 수 있다. 벨이 야수의 외양이 아닌 내면과 소통하고 즐거워하는 것처럼, 야수 역시 벨의 내면을 있는 그대로 받아들인다.

야수는 벨을 알아가며 벨의 아버지가 그녀에게 특별한 존재임을 알게 된다. 야수는 벨의 부재가 자신의 생존에 도움이 되지 않음을 알고 있지만, 아버지를 구하러 가겠다는 그녀를 말 없이 보낸다. 야수에겐 시간이 없고 벨이 필요했지만, 야수는 벨에게 아무것도 강요하지 않는다.

모든 것이 끝났다고 여긴 순간, 벨을 놓아주었던 그의 진심이 그녀의 마음을 움직이고, 마침내 야수에게 걸렸던 마법이 풀린다.

현대판 개스톤과 트로피 와이프

'힘 있고 겉이 번지르르해 보이는 남자와 만난 여성은 결국 어떻게 됐을까요?'

영화 〈브로큰 임브레이스〉는 이 질문에 현실적인 답을 제시한다. 스페인의 성공한 기업가 에르네스토 회장은 젊고 아름다운 자신의 비서 레나를 짝사랑한다. 레나의 아버지가 병원에서 수술도 못 받고 쫓겨날 상황이 되자 에르네스토는 레나를 경제적으로 후원한다. 그 일을 계기로 둘은 연인 관계가 된다.

그녀에게 한 가지 변화가 생기기 전까지 그는 그녀가 좋아하는 것과 갖고 싶은 것을 모두 누리게 해준다. 그런데 이미 모든 것을 다 가져서 행복할 수밖에 없어 보이는 그녀가 어느날 영화 오디션을 보려고 마음먹는다.

"나는 언제나 배우를 꿈꿔왔어요!"

에르네스토는 그녀가 오디션을 본다는 말을 듣고 평정심을 잃는다. 자기 것인 그녀가 다른 사람들에게 노출되는 것을 용납할 수 없기 때문이다. 그러나 레나는 오디션을 감행하고 주인공으로 낙점된다. 촬영이 시작되자 감독 마테오는 레나의 재능을 단번에 알아본다. 그리고 둘은 자석처럼 서로에게 끌린다.

그녀는 왜 그리 마테오에게 끌렸을까? 에이브러햄 매슬로우에 따르면, 인간은 가장 먼저 생리적 욕구를 충족시키려 한다. 그 이후엔 안전 욕구가 충족되기를 원한다. 그다음 단계로 사회적 참여 욕구를 경험하며, 그곳에서 인정과 존경을 받기 원한다. 그 모든 것이 충족되면 인간은 자기 자신이 되고자 한다. 바로 자아실현의 욕구다.

'안락해서 좋은데 뭔가 하나 빠진 것 같아.'

레나는 연기를 하면서 진정한 자신을 발견한다. 자신도 몰랐지만, 레나는 에르네스토를 사랑한 적이 없었다. 고마움과 사랑은 전혀 다른 것이다. 만약 레나가 에르네스토에게 사과하고 그동안의 지원에 진심을 담아 고마움을 표현한 후 깨끗이 이별했으면 이 스토리는 해피엔딩이 될 수 있었을까?

그런 동화 같은 결말은 일어나지 않는다. 이 영화는 여성을 트로피로 소유하려는 사람이 사랑이란 이름으로 가하는 집착이 어떤 결말로 치닫는지 현실적으로 표현한다. 에르네스토는 자신의 소유물을 남에게 뺏기는 걸 용납할 수 없다. 그는 인간이 타인의 소유물이 될 수 없음을 모른다. 레나를 소유할 수 없었던 그는 다양한 방식으로 그녀에 대한 집착을 표현한다.

청혼으로 부드럽게 시작된 집착이 좌절되자 에르네스토는 아들을 시켜 레나를 밀착취재(?)한다. 음성이 녹음되지 않은 영상을 판독하기 위해 입 모양 통역 전문가까지 고용한다. 참다 못한 레나는 마테오와의 관계를 밝히고 독립을 선언한다. 자신이 가질 수 없다면 남도 갖지 못하게 하려는 건지, 자기 소유물의 반역을 용서할 수 없었던 건지, 에르네스토는 아찔한 크리스찬 루부탱을 신고 계단을 내려가던 레나를 뒤에서 밀어버린다. 자신이 어떤 사람인지 짜잔 증명해 보인 셈이다.

그 이후 레나는 마테오와 함께 멀리 도망친다. 해변을 산책하는 레나의 슬픈 눈빛에선 마테오와의 1분 1초를 소중하게 생각하는 마음이 묻어난다. 그러다 둘은 에르네스토에게 발각되고 그의 사주에 의한 교통사고로 끝이 난다. 그 사고로 마테오는 시력을, 레나는 생명을 잃는다.

세월이 흘러 에르네스토가 죽자, 마테오 앞에 나타난 에르네스토의 아들은 두 사람의 사고 직전 영상을 건네준다. 마테오는 그녀와의 마지막 순간, 마지막 키스가 담긴 화면에 양손을 댄다. 그는 그렇게 그녀를 느끼려 한다.

시집 잘 간다의 진정한 의미는?

나의 둘째 이모는 1970년대에 더 넓은 세상을 경험하고 싶어 뉴욕으로 갔다. 이모의 딸인 M은 맨해튼의 모 백화점 뷰티 바이어로 멋진 인생을 살고 있다. M과 난 멀리 떨어져 있지만 우린 패션, 음악, 뷰티, 영화에 대해 수다를 떠는 자매 같은 사이다.

하루는 메신저에 M이 들어와 뭔가 설레는 분위기를 풍겼다. M은 남자 친구가 생겼다고 했다. M은 30대가 되고도 오랫동안 만나는 사람이 없어 이모의 속을 썩였다. 제발 눈높이 좀 낮추라는 이모의 말에도 늘 자신의 안목엔 문제가 없다고 했다. 그런 그녀의 남자 친구 A는 월 스트리트의 잘 나가는 금융맨도 변호사도 아닌 대학원생이었다.

둘이 만난 지 일주일쯤 되었을 때 A는 결혼하자고 말했다. 오랫동안 어린 여자와 동거했다가 헤어져버린 A인지라 M은 자신의 귀를 의심했다지만, 실은 같은 생각이었다. 둘은 만나자마자 서로를 알아봤다.

이모는 꽤 오랫동안 둘 사이를 반대했지만, 나는 M이 그와 결혼할 것임을 알고 있었다. 그녀가 그와 동거를 시작한 지 얼마 되지 않았을 때 나는 M의 임신 소식을 들었다. 평소 표정이 시니컬한 편인 M인데, 어느 날 페이스북 피드에서 발견한 A와의 사진 속 M은 자연스럽고 편안한 미소를 짓고 있었다. 사진은 둘이 소울메이트임을 보여줬다.

'잘 나가는' 남자들깨나 만나본 M은 자신을 있는 그대로 사랑하는 남자를 택했다. 둘의 결혼 소식을 전하는 우리 엄마는 이렇게 말했다. "결국 M이 그 남자랑 결혼한단다. 뚱뚱하고 히스패닉인 데다 직업도 없다는데, 이모가 완전 실망했잖아.”

순간 '픽!' 웃음이 나왔다. 아, 이런 게 세대 차이일까. 보릿고개와 냉전을 경험한 엄마와 이모에겐 굶주림과 안전의 공포가 클 수밖에 없다. 엄마 세대에겐 '사랑이 밥 먹여주냐'가 진리로 통하고, 경제적 안정이 보장되지 않는다면 자아실현은 사치에 불과하다. 그래서 엄마 세대 어른들은 '시집 잘 가야 호강한다'는 말을 하나 보다.

보릿고개와 냉전을 경험해본 적 없는 X세대 우리도 '시집 잘 가서 호강한다'는 부러움 섞인 말을 전혀 하지 않는 것은 아니다. 우리 세대에겐 '시집 잘 가서 호강한다'는 말은 사고 싶은 거 다 살 수 있는 즐거움을 선사할 남자와 결혼하는 것을 의미한다. 과거 세대의 안정이 살짝 변형된 것이다.

트로피 와이프. 경제적으로 성공한 남자가 얻게 된 젊고 아름다운 와이프를 말한다. 비록 〈브로큰 임브레이스〉의 레나는 결혼은 안 했지만 트로피 와이프와 동일선에 있다. 〈브로큰 임브레이스〉에서 레나가 중반 이후부터 걸치고 나오는 샤넬 트위드 재킷과 샤넬 2.55 백을 눈으로 훑으며 나는 입을 다물지 못했다. 아름다운 페넬로페 크루즈가 걸치니 더욱 빛이 나는 게 아닌가. 그러나 기사 딸린 차에 궁전 같은 집까지 누리던 레나는 에르네스토와의 주말 별장 여행을 생각하며 이렇게 말한다.

"그 괴물이 내 위에서 48시간 동안 있었어!"

둘의 관계는 기브 앤 테이크 논리가 지배했다. 레나에겐 풍요를 제공해준 에르네스토를 위해 '나는 행복해요'라는 미소를 보내야 할 의무가 있었다. 그녀는 마테오를 만나고 나서야 비로소 깨닫는다. 자신의 미소가 억지였고 그 대가로 누려온 풍요는 족쇄였음을.

마테오와 함께 떠났을 때, 레나는 처음으로 행복을 경험한다. 소박한 모텔에서 그저 그런 차를 타고 다니지만, 레나의 얼굴은 밝게 빛났다. 그녀는 에르네스토 곁에서 한 번도 자기 자신이었던 적이 없었다. 자기 자신의 가장 빛나는 모습을 알아봐준 사람을 만났으니 반하지 않을 수 있나. 영화를 보던 난 그녀에게 연민의 시선을 보냈다.

'마테오 같은 남자를 만나야 행복하다는 건 아무도 안 가르쳐주지.'

난 처음부터 이모와 다른 관점에서 M의 결혼을 보았다. M의 결혼이 단지 결혼할 때가 되어서, 적당한 사람이라서, 단지 경제적 안정을 가져다주는 남자를 만나서 하는 결혼이 아니라 진심으로 기뻤다.

물론 경제적 안정을 가져다주는 사람은 분명 고마운 존재다. 그러나 그 사람과의 소통에서 내 세계를 보여줄 수 없다면, 언젠가 반드시 공허함이 찾아온다. 자기 자신이 되고자 하는, 인간의 가장 고차원적 욕구가 충족되지 못한다면, 관계는 피상적이고 계산적인 관계, 서로를 이용하는 관계로 변질될 뿐이다.

몇 해 전 드라마 〈밀회〉에 대한 어느 칼럼에서 불륜을 이렇게 정의한 것을 보았다.

> "불륜은 단지 배우자의 외도를 말하는 것이 아니다. 사랑으로 결속력이 유지되어야 하는 관계가 다른 것에 의해 유지되고 있다면 그것이야말로 윤리적이지 않은, 불륜이다."

사랑 없는 결혼이야말로 불륜이라는 그 말은 신선한 충격이었다. 서로의 재능을 알아본 두 사람이 결국 사랑에 빠진다는 스토리. 그 중심에는 권력욕과 명예욕의 다음 욕망인 '나 자신이고 싶은 욕망'이 있다. 금기를 다루었지만, 이 드라마가 많은 사람의 공감을 얻었던 이유는 우리에게 가장 고차원적 욕망을 상기시켰기 때문이다.

진짜 왕자, 알아보기

M은 뷰티업계 종사자답게 패션과 쇼핑을 정말 사랑한다.

뉴욕 패션 위크 기간 쇼에 초청되어 니나 가르시아(우리에겐 미국 'Project Runway' 심사위원으로 알려져 있다)를 코앞에서 보는가 하면, 샤넬 J12와 반클리프 앤 아펠 반지에 감탄사를 외치기도 한다. 그런데도 그녀는 평소에 부유한 남자를 만나 월도프 아스토리아(맨해튼의 고급 호텔)에서 결혼식을 올리는 친구들이 하나도 부럽지 않다고 종종 말했다. 가끔은 그 말이 '진심일까?' 궁금하기도 했는데 지금은 그 말이 정말 진심이었음을 믿어 의심치 않는다.

그녀는 영화 〈섹스 앤 더 시티〉의 캐리처럼 뉴욕 시청에서 소박하게 식을 올렸다. 이모와 엄마의 눈엔 그녀의 남편 A가 그저 '야수'로 보였겠지만, 서로를 사랑하는 진실한 마음은 M에게 A를 '왕자님'으로 보이게 하는 마법을 부렸다(여담이지만, A는 곧 좋은 직장에서 일하는 든든한 남자가 되었다).

레나와 달리 사촌 M은 누가 진짜 왕자님인지 아무도 가르쳐주지 않아도 잘 알고 있었던 것이다. 그녀의 왕자님과 예쁜 딸을 낳고 사는 M은 특유의 경쾌한 웃음으로 공간을 울리며 이렇게 말했다.

"트로피 와이프? 하나도 안 부러워!"

난 그냥 사랑 초보였다

사랑하기란 무엇인가?

패션 컨설팅을 위해 고객과 만나면 그의 정체성에 맞는 옷을 찾기 위해 버킷리스트를 듣는다. 그렇게 듣게 된 버킷리스트 중 이런 것이 있었다. 영화 〈이터널 선샤인〉 속 주인공들처럼 소울메이트와 함께 북유럽의 꽁꽁 언 강에 누워 꽁냥꽁냥 이야기를 나누며 오로라를 보는 것. 며칠 후, 난 줄거리조차 희미한 이 영화를 다시 찾아보았다.

귤색 스웨트셔츠, 초록색 머리의 클레멘타인과 무채색 옷, 갈색 머리의 조엘은 몬탁 해변에서 처음 만났다. 둘의 관계가 권태에 접어들던 발렌타인데이쯤, 클레멘타인은 이별을 결심한다. 그리고 아픈 기억을 지워준다는 회사 '라쿠나'를 찾아가 조엘에 관한 기억을 지운다.

조엘은 연락이 끊어진 그녀를 찾아가지만, 그녀의 기억 속에는 이미 그가 존재하지 않는다. 그녀가 기억을 지웠다는 사실을 알게 된 조엘은 고통스러워하다가 자신도 이내 같은 방법으로 그녀와의 기억을 지우기로 한다.

라쿠나의 기술자들이 삭제 작업을 시작하자, 잠든 조엘의 머릿속에선 그녀와 함께한 순간들이 재현된다. 맨 처음 나타난 것은 그녀와 헤어지던 날 밤의 기억이다. 깊이 파인 블랙 드레스에 퍼 재킷, 진한 화장, 그리고 귤색 머리. 새벽 3시, 만취한 클레멘타인이 조엘의 집으로 들어온다. 걱정하며 그녀를 기다리던 조엘은 본의 아니게 클레멘타인에게 해선 안 될 말을 하고 만다. 그녀는 그 말을 듣자마자 그를 떠난다. 조엘은 그녀를 쫓아가며 소리친다. 다음 날 아침이면 그의 기억도 그의 기억 속 그녀도 사라질 거라고, 이게 바로 '같잖은 러브 스토리'에 딱 맞는 결말이 아니냐고.

다음은 마지막 날 낮 벼룩시장의 장면이다. 거기서 두 사람은 크게 싸우고 서로를 밀쳐버린다. 그리고 그보다 더 거슬러 올라간 기억에서 조엘은 둘의 관계가 말 없이 중국 음식이나 먹는 딱한 사이가 되어가고 있음을 목격한다. 이별이 당연한 수순이었다고 결론을 내릴 즈음, 조엘은 자신이 잊고 있었던 아름다운 순간 앞에 당도한다.

침대에서 조엘과 사랑을 나누던 귤색 머리 클레멘타인은 그에게 묻는다.

"조엘, 나 못생겼어?"

아니라고 답하는 그에게 그녀는 여덟 살 소녀의 이야기를 들려준다. 가장 못생긴 인형에게 클레멘타인이란 이름을 붙인 후, 예뻐지라고 주문을 걸었다는 이야기. 그 인형이 예뻐지면 자기도 마법같이 예뻐질 거라 믿었다며 눈물을 글썽이는 그녀에게 조엘은 입을 맞추며 다정하게 속삭인다.

"너무 너무 너무 예뻐."

어느새 그녀가 사라지고 허공에 입을 맞추던 조엘은 그 기억이 지워지지 않기를 기도한다.

장면이 바뀌어 둘은 꽁꽁 언 찰스 강에 도착한다. 어두운 무채색 계열 옷을 입은 조엘은 핫핑크 바지와 새파란 점퍼를 입은 클레멘타인의 손에 이끌려 얼음판 위에 발을 들여놓는다. 그녀를 따라 반신반의하며 누운 얼음 위. 클레멘타인이 아니었으면 가지 않았을 그곳에서 조엘은 잠시나마 새로운 자신이 되어본다. 그는 밤하늘을 바라보며 고백한다.

"이대로 죽어도 좋아. 나 지금 너무 행복해. 이런 기분 처음이야."

이제 둘의 이야기가 '같잖은 러브 스토리'가 아니라는 걸 깨달은 조엘은 온 힘을 다해 삭제 작업에 저항한다. 그러나 '라쿠나' 사람들은 조엘의 저항으로 인한 문제를 우여곡절 끝에 해결하고 작업을 계속한다.

삭제 작업은 막바지에 이르러 결국 조엘은 클레멘타인과 몬탁 바닷가에서 처음 만난 순간을 마주한다. 조엘은 귤색 스웨트셔츠를 입은 클레멘타인에게 묘하게 끌리던 감정을 떠올린다. 그녀가 다가와 조엘의 치킨 한 조각을 가져간 순간의 설렘. 그런 추억도 곧 사라질 거라며 아쉬워하던 조엘은 이젠 그 기억들을 음미하기로 한다.

몬탁에서의 기억은 다시 이어지고, 클레멘타인은 돌발적으로 바닷가의 빈 집에 들어가자는 제안을 한다. 조엘은 따라 들어가지만 이상하게 부끄러워진 나머지 그 집에서 나와버린다. 마지막 순간, 도망치는 조엘을 돌려세운 클레멘타인은 작별 키스를 하며 이렇게 속삭인다.

"다시 만나, 몬탁에서……."

다음 날 아침, 결국 기억이 완전히 사라졌지만, 조엘은 출근길 기차역에서 충동적으로 몬탁행 기차에 오른다. 그리고 몬탁에서 파란색 머리를 한 귤색 스웨트셔츠 차림의 클레멘타인을 발견한다. 그리고 둘은 다시 연인이 된다.

처음 이 영화를 봤을 때 이 영화의 메시지를 '사랑은 운명이다' 정도로 기억했다. 기억을 지운 두 사람이 운명처럼 다시 만나고, 사랑이 새롭게 기억된다는 줄거리를 담고 있으니까. 그러나 10년이 지난 뒤 다시 보니, 이 영화는 그 이상을 담고 있었다. 미셸 공드리 감독은 영화를 보는 내내 클레멘타인의 옷과 머리색으로 이런 질문을 던졌다.

'사랑하기란 무엇인가?'

사랑은 종합 기술이다

에리히 프롬은 《사랑의 기술》에서 우리가 사랑에서 실패를 반복하는 이유를 정신분석학과 사회철학, 그리고 번뜩이는 통찰력으로 명쾌하게 설명했다. 종종 고독 때문에 자책하는 내게 그는 먼저 이런 위로의 말을 건넸다.

> "인간의 가장 심원한 욕구는 고독이란 감옥을 떠나 분리를 극복하는 것이다."

프롬에 따르면 분리로 인한 고독은 그 자체로 죄책감, 수치심, 두려움을 유발하는 공포다. 누군가와 '하나됨'을 경험하고자 하는 것은 인간이라면 누구나 갖는 지극히 자연스러운 욕구다. 다만 프롬은 누군가를 만나기 이전, 부모로부터 분리된 자신을 부모의 마음으로 사랑할 것을 당부한다. 자존감부터 갖추라는 것이다. 내 결핍을 충족시키기 위해 받기만 하는 것은 사랑이 아니다. 상대방에게 부모 역할을 떠맡기는 관계는 오래 지속될 수 없다.

프롬이 말하는 사랑이란 서로가 서로에게 주는 생산적이고 건강한 '하나됨'이다. 사랑을 명사형(love)이 아닌 동사형(loving)으로 표현한 데서 알 수 있듯, 프롬은 사랑이란 능동적 행위임을 강조했다. 그는 우리가 '사랑하기(loving)'에 실패하는 가장 큰 이유로, '사랑하기'를 '사랑에 빠지는 것'으로 잘못 알고 있기 때문이라고 지적했다. 우린 반복적으로 사랑에 실패하면서도 '사랑에 빠지는 것'을 쉬운 일이라고 착각하고 '사랑하기'에 대해 배울 필요가 없다고 생각한다. 사랑이 아닌 다른 기술을 떠올려보라. 우리는 어떤 일에 실패할 때마다 먼저 실패의 원인이 무엇인지 탐구하고 그것을 해결하기 위해 상당한 시간과 노력을 할애한다. 그러나 흥미롭게도 우리는 유독 사랑이라는 영역에는 이런 관점을 적용하지 않는다.

대부분의 사람이 사랑을 '사랑하기'보다 '사랑받기'로 본다. 또한 자신의 능력 계발에는 무관심한 채 적합한 대상을 만나기만 하면 사랑에 빠질 것이라는 비합리적 신념을 고수한다. 뿐만 아니라, 누군가와 처음 만나 사랑에 빠지면 아무런 노력 없이도 영원한 사랑을 유지할 것이라 착각한다. 프롬은 우리가 영원한 사랑의 주인공이 되려면, '사랑받기' 위해 매력을 가꾸기보다는 '사랑하기'의 능력을 가꿔야 한다고 강조한다. '사랑하기' 위한 지속적인 노력이 없으면 사랑에 빠지던 처음 그 순간의 감동과 흥분은 권태에 도달할 수밖에 없다. 처음의 감동을 되살리기 위해 대상을 바꾸어도 '사랑하기'의 능력을 함양시키지 않는 한 권태는 반복된다.

그가 말하는 '사랑하기'의 정점에는 '용기'와 '믿음'이 있다. 믿음은 누군가의 성장을 기대하고 응원하는 것이다. 이때 믿을 만하다고 검증(?)된 누군가를 택하는 건 진정한 믿음이 아니다. 진정한 사랑은 누군가에게서 아직 이루어지지 않은 무언가를 보고 아무것도 검증되지 않는 상황에 자신을 완전히 던지는 '용기'를 갖는 것. 그것이 그가 말한 사랑의 가장 높은 경지인 '믿음'이다.

이럴 수가. 사랑은 한순간 누군가에게 빠져드는 로맨틱한 감정이 아니라 의지와 행동이며, 차원 높은 종합 기술이었다. 관계에서 발생할 고통을 견뎌낼 수 있는 인내, 상대방의 성장을 믿고 두 사람의 아름다운 공동체를 만들어가려는 신념까지 필요한 종합 기술이었다. 초보 운전이냐 아니냐는 골목길 운전과 주차에서가 아니라 운전을 종합 기술로 보느냐에서 판가름 나듯, 초보 사랑이냐 아니냐는 소울메이트를 찾는 능력에서가 아니라 사랑을 '종합 기술'로 보느냐 아니냐로 판가름 나는 게 아닐까. '소울메이트를 만나기만 하면 사랑에 빠지 겠노라'고 자신했던 난 그저 초보일 뿐이었다.

사랑받기가 아닌 사랑하기에 이르려면

조엘과 클레멘타인은 언제부터 사랑하기 시작했을까?

라쿠나의 직원 매리는 어린아이일 때의 기쁨과 순수함이 어른이 되면 슬픔과 고통으로 덮인다고 생각한다. 그래서 환자들의 고통을 지워주는 하워드를 존경한다. 그러나 조엘과 클레멘타인의 어린 시절에서 엿볼 수 있듯, 우리는 어렸을 때 이미 분리가 주는 고독의 고통을 경험한다.

조엘은 처음 본 클레멘타인에게 두 번이나 끌린다. 흥미롭게도 클레멘타인은 두 번 다 귤색 스웨트셔츠를 입고 있다. 조엘의 눈에는 그 스웨트셔츠가 정말 멋져 보인다. 나는 괴기한 그림으로 그날의 생각과 감정을 기록하는 것에서 조엘이 조용함 이면에 과감함을 숨기고 사는 사람이라고 보았다. 검정색 코트에 회색 비니, 검정색 가방에 검정색 구두를 신은 평범한 갈색 머리의 조엘은 형광 귤색 스웨트셔츠를 입은 클레멘타인을 본 순간, 무의식적으로 외쳤을 것이다.

'저 여자가 나를 구원해줄지도 몰라.'

영화에서 귤색으로 표현된 주황색은 희망의 색이다. 우리는 위로가 필요할 때 생기 있는 에너지를 연상시키는 주황색에 끌린다. 조엘은 에너지를 주는 클레멘타인의 도움을 받아 자신의 무채색 틀을 깨고 그녀와 '하나됨'을 누리고 싶었다. 그녀를 만나고 비로소 그는 어린아이였을 때부터 갇혀 있던 고독의 감옥에서 나올 용기를 내본다.

그런 모습은 찰스 강에서 보낸 둘의 시간에서 엿볼 수 있다. 반신반의하면서 찰스 강에 발을 들이지만, 조엘이 걱정했던 무서운 일은 일어나지 않고 오히려 둘만의 시간이 멈춰버린 듯 그녀와 '하나됨'을 경험한다. 이렇게 클레멘타인은 조엘을 구해주고 완성시켜줄 대체 불가능한 존재가 되어간다.

클레멘타인 역시 고독의 감옥에서 고통스러워했긴 마찬가지다. 그녀는 어릴 때 못난이 인형에게 예뻐지라고 주문을 걸 만큼 여린 자신을 강한 이미지의 옷으로 감추고 살아왔다. 그런 그녀는 착한 조엘에게 끌린다. 그녀가 그를 만난 후 스웨트셔츠 색에 맞춰 머리카락을 염색한 것은 조엘에 의해 자신의 결핍을 채우고, 사랑받기를 원하는 마음 때문이었을 것이다. 그녀는 그와 사랑을 나누다가 말한다.

"조엘, 나를 버리지 말아줘."

그와 그녀가 실제로는 두 번째로 처음 만난 날. 그녀는 자신의 머리 염색약 이름이 세련됐다며 색상 이름을 말하다가

즉흥적으로 지어낸 이름 '에이전트 오렌지Agent Orange'를 덧붙인다. 에이전트agent라는 말에는 '촉매제'라는 의미가 있다. 클레멘타인에게 귤색 머리는 두 사람이 만났다는 짜릿함을 배가시키기 위해 필요한 장치였는지도 모른다. 그게 통했는지 조엘은 그날부터 그녀를 '귤'이라는 애칭으로 부른다('클레멘타인'은 작은 귤을 칭하는 이름이기도 하다).

두 사람은 기억을 지우기 전 '사랑하기'를 경험했던 것일까? 프롬이 말한 '사랑하기'의 관점에 비추어본다면, 여기까지는 각자의 고통과 결핍에 두려워 떨던 두 사람이 만나 '하나됨'의 열망과 반가움을 확인한 과정이라고 볼 수 있다. 물론 두 사람은 자신에게 꼭 맞는 대상을 찾는 데 성공한 듯하다.

그러나 벼룩시장에서 둘은 크게 싸운다. 조엘은 아이를 낳고 싶다는 클레멘타인의 말을 듣고 당황한 나머지 본의 아니게 클레멘타인에게 키울 수 있냐고 공격한다. 소울메이트라 믿었던 조엘이 자신의 잠재력을 불신하자, 클레멘타인은 이성을 잃는다. 결국 그녀는 준비되지 않았다는 조엘의 두려움을 헤아리지 않은 채 그를 게으르다고 비난한다. 그리고 그날 밤 조엘은 그녀와 자신을 확실히 분리시키는 한마디를 던진다.

"친해지려면 아무나와 잠을 자고 보는 여자."

조엘과 클레멘타인은 각자 다시 고독이란 감옥으로 들어간다. 기억 속에서 떠나는 그녀를 향해 지르는 그의 고함은

그녀에 대한 책망이라기보다는 에덴동산을 떠나 고독이라
는 들판으로 쫓겨나야 하는 한 남자의 절규에 가까워 보인다.
그와 헤어진 클레멘타인은 자신의 머리카락을 블루 루인Blue
ruin으로 염색한다.

　프롬은 우리가 '사랑하기'에 이르려면 상대방이 꿈꾸는 세
계를 이해하고, 상대방의 분노 이면에 존재하는 두려움을 알
아차릴 줄 알며, 상대방의 잠재력을 믿고 지지하는 능력을 갖
추어야 한다고 말한다. 이런 면에서 볼 때 조엘과 클레멘타인
두 사람은 서로를 알아보았으나, '사랑하기'의 능력은 갖추지
못한 셈이다. 그는 그녀의 귤색 스웨트셔츠에 끌렸고, 그녀는
귤색 머리로 그와 하나되기를 원했다. 그러나 그것만으로는
충분하지 않았다. 그들은 그저 사랑 초보자였을 뿐이다.

고통과 용기 없이는 '사랑하기'에 진입할 수 없다

　"사랑받지 못할지도 모른다는 두려움의 무의식에는 '사랑
　하기'에 대한 두려움이 존재한다."

명언으로 가득 찬《사랑의 기술》에서 유독 내 머리를 강하

게 내려친 문장이다. 우리는 대부분 '사랑받지 못함'을 두려워
하는데, 사실 그런 마음의 이면에는 '사랑하기'에 수반될 성장
의 고통을 감당할 용기가 없음에 대한 인정이 숨어 있다.

에리히 프롬은 강하지만 따뜻한 어조로 조언한다. 사랑하
는 과정에서 발생할 수밖에 없는 고통을 "왜 하필 나에게?"
같은 말을 내뱉으며 부당한 처벌로 받아들이지 말라고. 그보
다는 그 고통을 '사랑하기'에 더 노련한 사람으로 자신을 성
장시킬 도전으로 받아들이라고.

돌아보면, 내가 크고 작은 사고와 실수를 저지르면서도 운
전을 그만두지 않았던 건 그것을 훈련의 기회로 삼아야 운전
의 즐거움을 맛볼 수 있을 것이라는 믿음 때문이었다. 그러나
사랑에 관해서는 그러지 못했다. 늘 사랑받지 못할까 봐 두려
워했던 난 '사랑하기' 과정에서 필연적으로 발생하는 고통을
피할 생각만 했다. 하지만 '사랑하기'에서 맛볼 수 있는 기쁨
과 행복을 누리려면 용기가 필요하다.

라쿠나의 직원 매리는 공포와 슬픔을 지운 마음에 영원히
햇살이 비칠 수 있다는 의미에서 알렉산더 포프의 시를 읊는
다. 어른이 되면서 경험하게 되는 공포와 슬픔을 지우면 우리
가 다시 아이 때처럼 행복해질 거라고 그녀는 말한다. 그러나
매리는 기억을 삭제해도 고통은 사라지지 않는다는 것을 다

름 아닌 바로 자신의 삶에서 깨닫고 충격에 빠진다. 매리는 모든 고객에게 삭제 전 인터뷰가 담긴 테이프를 발송한다.

다시 만난 조엘과 클레멘타인. 만난 지 얼마 안된 두 사람은 서로의 테이프를 듣고 혼란에 빠진다. 그러다 결국 다시 마주한다. 물론 그때의 두 사람을 '사랑하기'의 능력을 온전히 갖춘 상태로 보긴 어렵다. 그러나 둘은 안다. 클레멘타인은 조엘을 지루해할 것이고, 조엘은 클레멘타인의 충동을 당혹스러워할 것임을. 그리고 그들은 '사랑하기'로 나아가기 위해 겪게 될 고통 또한 알고 있다.

"그래도 난 괜찮아요."

"나도 괜찮아요."

두 사람은 다시 고통이 오더라도 서로를 놓지 않겠다는 의지를 확인한다. 블루 루인 색깔의 머리를 한 클레멘타인은 귤색 스웨트셔츠의 생기발랄함 이면의 슬픔을 간직한 그대로 조엘을 마주하고, 조엘은 그녀의 있는 그대로 모든 것을 좋아한다. 클레멘타인은 조엘이 도망치면 자신을 밀쳐내는 게 아니라 부끄럽거나 당황스러운 나머지 생각할 시간이 필요하다는 행동이라고 이해할 것이다. 조엘은 클레멘타인이 충동적인 면모가 있더라도 따뜻한 엄마가 되려는 마음이 있음을 알아볼 것이다. 그렇게 두 사람은 매일매일 함께하며 크고 작은 '사랑하기'의 기술을 익힐 것이다.

'흠 없는 마음에 비치는 영원한 햇살.'

영원한 햇살이 비치는 흠 없는 마음이란 고통을 지운 마음이 아닌지도 모른다. 영원한 햇살은 자신과 상대방의 고통을 있는 그대로 바라보고 '용기'와 '믿음'으로 함께 겪어내며 성장해가는 고결한 사람들의 마음에 비치는 게 아닐까?

영화의 마지막, 다시 눈 덮인 바닷가의 두 사람. 머지않아 영원한 햇살을 누릴 수 있을 것 같은 그 둘이 부럽다.

우리가 꿈꾸는 롤모델은
슬로우 러너일지도 모른다

결과만 보는 무서운 선배

'과정보다 결과'

내가 처음으로 배운 사회생활의 단면이다. 실습은 막연히 상상했던 것과 달리 낭만적이지 않았다. 7시 30분 출근, 많은 양의 수업, 예상치 못했던 업무. 사대부설 고등학교는 예상보다 훨씬 더 전문가 양성 기관에 가까웠다. 1999년 5월, 사범대의 모범생 최유리 학생은 사대부설 고등학교의 무능한 최 교생이 되어 있었다.

수업은 힘들었다. 발표 수업에서 발표자가 된다는 것과 학생들 앞에서 교사가 된다는 건 달랐다. 어떤 내용을 어떻게 전달해야 일방적 교수에 그치지 않고 능동적 학습으로 연결되는지 잘 알지 못했다. 내가 아는 것과 그것을 잘 가르치는 법을 아는 것 사이의 괴리는 컸다. 나는 수업 시간에 내용만 구겨 넣는 초보 선생에 불과했다. 잘 가르치는 법을 갑자기 배울 수는 없었다. 불안한 마음에 자료만 잔뜩 준비해갔고, 학생들 앞에서 50분 동안 더듬거렸다. 나의 내향성이 참 원망스러웠다. 힘겨운 수업 후엔 지도교사와 동기들의 신랄한 피드백이 쏟아졌다. 하루는 힘없이 퇴근하던 내게 지도교사가 위로 아닌 위로를 건넸다.

"최 교생은 교사보다 연구가 맞을 것 같아."

몇 년 후, 난 그때의 최 교생이 아니었다. 학생들 귀에 쏙쏙 들어오는 재미있는 수업을 하는 선생님이 되어 있었다. 나도 내가 그런 교수 스킬을 터득할 줄 몰랐다. 역설적이게도 그건 내가 '슬로우 러너'였기 때문에 가능했다. 한꺼번에 지식을 빠르게 습득하기보다, 천천히 전체 그림을 그리고 나야 내 것으로 만드는 학습 방식. 그것은 학습자의 인지 처리 과정을 이해하고, 학습자가 마주하는 난관을 예상하는 직관으로 발전했다.

3년 차가 되었을 때, 내게 교생들이 배정되었다. 당시 내가 근무하던 학교는 실습을 빡빡하게 진행하는 곳이 아니었다.

4주를 무난히 보내면 과정을 잘 마쳤음을 인증해주고 교생들을 돌려보내는 곳이었다.

그런 곳에서 난 기다렸다는 듯 제대로 선배 노릇을 해버렸다. 초반 수업 참관 후 내 수업이 너무 좋았다며 생글생글 웃던 교생들은 4주가 지나자 내 앞에서 벌벌 떨었다. 교생들이 각자의 대학으로 돌아간 후, 어느 선생님께서 조용히 물어보셨다.

"최 선생, 교생들한테 왜 그랬어? 한 명은 거의 사색이 됐던데."

"제가 그렇게 배웠어요. 그래야 교생들이 제대로 배우죠."

옷만 신경 쓰는 꼰대였다

5년의 교사 생활을 뒤로 하고 박사 과정 학생으로 돌아왔을 때, 몇 군데 교대의 시간강사로 출강하게 됐다. 지옥 같은 대학원 수업을 따라가는 게 벅찼던 내게 강의 준비는 늘 뒷전이었다.

당시 내가 맡은 강좌는 교과교육론이었다. 이 수업에서 학생들은 해당 교과의 목표, 그에 대한 학자들의 논쟁, 그리고 학자들이 만들어온 수업 모형에 대해서 배운다. 현장을 경험해보지 않은 입장에서는 미국 학자들이 만들어온 이론이 쉽게 이해되지도 않고 재미도 없다. 불행히도 교원 임용고사 합격을 목표로 하는 학생들이라면 이걸 달달 외우기까지 해야 한다.

난 학생들의 고충을 모르지 않았으면서 수업에 매우 안일하게 임했다. 가르침의 기본인 쉽고 재미있는 전달을 위한 노력은 하지 않았다. 교과교육론은 어차피 암기해야 하는 것이고, 누가 어떻게 가르치든 재미가 없는 것이라며. 전반부 이론 강의를 무기력하게 해치웠다.

진짜 나의 실수는 그 다음부터 시작됐다. 중간고사가 끝나고 학생들의 팀별 수업 시연이 시작되자 나는 그때부터 갑자기 의욕적인 교수자가 되었다. 학생들의 수업 시연을 목격할 때마다 실전을 경험한 내 눈엔 구멍이 너무 많이 보였기 때문이다. 그걸 간과하면 학생들은 배우는 게 없을 것 같았다. 발표자의 얼굴이 시뻘개지는 것을 보고도 날선 피드백을 퍼부었다. 그들이 아직 전문가가 되지 못했다는 결과만 보였다. 마치 이렇게 말이라도 하듯이.

'교사가 될 사람들이 왜 그것도 못해?'

강의 평가는 좋을 리 없었다. 익명의 학생들이 남긴 숱한 문장에선 부정의 에너지가 느껴졌다. 강의 평가를 읽지 않기로 했다. 난 내 안에서 문제를 찾지 않았다.

'내가 시간 강사라고 무시하는구나.'

그러나 기억 속에 남아 유독 나를 괴롭힌 문장이 하나 있다.

"교수님의 아름다운 구두가 참 인상적이었어요!"

내겐 수업 준비할 시간은 없어도 인터넷 쇼핑몰 구경할 시간은 있었다. 강단 위에서 폼 나는 전문가가 되고 싶었기 때문이다. 그러나 강의 평가 속의 난 옷만 신경 쓰는 꼰대에 지나지 않았다.

내가 롤모델이라고?

나를 돌아보게 된 건 뜻밖의 일을 통해서였다. 출산을 하고, 육아에 전념하기 위해 난 세 학기 동안 강의를 쉬었다. 엄마가 되고 나서 제대로 배운 게 있다면, 어른인 내게 너무 당연한 모든 행위가 갓난아이에겐 당연하지 않다는 것이다. 용변도, 수면도, 숟가락질도 아이는 한 번에 하지 못했다. 수십 번의 반복 끝에 겨우 한 번 성공할까 말까. 아이는 자신의 시도가 실패할 때마다 칭얼댔다.

'엄마, 나 좀 도와주세요.'

울음은 말 못하는 아이가 엄마에게 보내는 유일한 SOS

였다.

'어른이 될 사람이 왜 그것도 못해?'

이렇게 야단이라도 치고 싶을 만큼 짜증이 올라올 때가 수십 번도 넘었지만, 평생이 1년도 안된 아기를 야단칠 수는 없었다. 자신의 짜증을 아이에게 푸는 엄마는 내가 되고 싶은 엄마가 아니었다. 수십 번의 칭얼거림에 밝은 목소리로 답하다 보면 아이는 예상한 것보다 일찍 다음 단계로 가 있었다.

아이가 돌이 지나자, 그동안 거절했던 강의들을 다시 맡았다. 복귀를 앞두고 지난 강의 평가를 돌아보지 않을 수 없었다. 학생들의 독설은 어쩌면 '선생님, 저희 좀 도와주세요'가 아니었을까.

학생들의 어려움은 무엇이었을까 머릿속 퍼즐 조각들을 맞춰보았다. 그러자 불가사의하게 느껴질 정도로 살인적인 교대 교육 과정이 보였다. 학생들은 그 속에서 많은 것을 한꺼번에 배우고 암기하느라 깨달음의 여유가 없었다. 딱 떨어지는 정답만 바라던 학생들을 한심하게 보던 과거의 시선을 그제야 걷어내었다.

그러나 가르침이라는 일은 임용고사 문제처럼 딱 떨어지는 정답을 적용시킬 수 있는 영역이 아니다. 전달하고자 하는 지식에 대해 충분히 알고 있어야 함은 기본이고, 학습자의 배경 지식도 고려해야 하며, 학습자들이 눈으로 보내는 무언의 메시지를 바탕으로 실시간 완급 조절까지 해야 한다. 가르침은 고차적인 스킬이다.

2~3년간 이론만 배웠을 뿐인 그들이 가르침이란 고차적인 스킬을 터득하지 못한 건 당연하다. 착실하게 교육 과정을 따라갔던 내가 실습장에서 나의 무능함을 자책했던 것도 바로 그 때문이 아닌가.

그러자 내 안에서 문제가 보였다. 수십 번 반복해도 능숙하게 해내기 어려운 게 가르침인데 그걸 배우는 학생들에게 난 실수의 기회를 허용하지 않았다. 과정을 기다리지 않았고 결과만 기대했다.

고등학교 교사로서의 난 학습자의 인지 과정을 세밀히 배려하는 교수자였지만, 교수법 강사로서의 난 가르침을 배우는 학습자들의 인지 과정을 전혀 배려하지 않는 교수자였다. 나는 내가 아는 것을 어떻게 가르쳐야 할지 알지 못했던 교생 때와 달라진 게 없었던 거다.

난 '어른이 될 사람이 왜 그것도 못해?'라고 야단치는 엄마는 되고 싶지 않았지만, '교사가 될 사람이 왜 그것도 못해?'라고 야단치는 선생님이 되어 있었다. 그렇다고 그 빡빡한 커리큘럼 속에서 그들에게 실수할 여유와 시간이 충분히 허용되는 것은 아니었다.

'내가 목격해온 학생들의 실수 패턴을 모으고 그것을 줄일

지식과 스킬을 가르치면 어떨까?'

학생들의 시행착오 과정을 줄여 다음 스텝으로 나아갈 수 있게 도와주는 것. 그것이 내가 할 일이었다. 나는 학부 시절 수업 시간에 미리 배우지 못해 아쉬웠던 것들도 적지 않았음을 기억해냈다.

과거 자신의 고충이 지금도 반복됨을 방관하는 선배. 후배들의 한숨에 "나 때는 더했어"라며 찬물을 끼얹는 선배. 그건 내가 되고 싶은 선배가 아니었다.

강의 계획서에서 오랜 전통을 자랑하는 화석 같은 지식을 과감히 덜어냈다. 대신 교사가 되려는 학생들에게 꼭 필요하지만 교육과정에 존재하지 않던 지식을, 내 경험을 살려 채워 넣었다.

어느 날 강의를 마치고 주섬주섬 짐 정리를 할 때였다. 아직 강의실을 떠나지 않은 네 명의 학생이 쪼르르 다가왔다. 나는 학생들에게 함께 밥을 먹자고 제안했다. 학교 앞 허름한 백반 집, 즐거운 수다 사이에서 조용히 밥을 먹던 난 순간 귀를 의심했다.

"제 롤모델이세요! 정말 제가 교대 입학해서 지금까지 들은 수업 중 최고로 꼽고 싶어요."

"맞아요! 또 옷도 진짜 잘 입으시잖아요."

아직도 갈 길이 먼 '과정' 중에 내가 롤모델이라니.

우리가 꿈꾸는 롤모델

우리는 누구나 다양한 삶의 여정에서 무언가를 먼저 경험해본 선배가 된다. 아직 갈 길이 먼 '과정' 중인 우리가 '롤모델'이란 찬사를 받는 선배가 되려면 따라오는 후배들의 '과정'을 헤아려주는 사려 깊음, '나 때'와 같은 실수를 재생산하지 않기 위해 고민하는 수고가 필요하다.

"왜 이것도 못해?"

내 입에서 나왔던 신랄한 비판들. 그건 한때 무능함에 어깨를 움츠렸던 내가 더는 그렇지 않음을 과시하려는 경박한 우월함에 지나지 않았다. 수업보다 옷에 더 신경 썼던 건 부족한 전문성을 옷으로 간편히 가리기 위해서였다. 그러나 학생들은 나의 부족함을 다 보고야 말았다. 내가 선배임을 자축하고 전문성을 가장하기 위해 택했던 패션은 껍데기에 불과했다. 독설을 거두고 '과정'을 헤아릴 줄 아는 선배가 되었을 때, 비로소 패션은 내게 '롤모델'이라는 시선을 허락해주었다.

난 지금 패션힐러라는 이름으로 누군가의 선배로 살아간다. 심플한 옷을 돌려 입는 내게 가끔 '패션 테러리스트'라는 코웃음 담긴 댓글이 달리기도 한다. 그러나 화려하고 센 옷으로 누군가의 시선을 빼앗는 패션 인플루언서는 되고 싶지 않다.

오랫동안 버릴 옷만 잔뜩 샀던 내 못난 이야기로 누군가의 '건강한 의생활' 과정을 응원하는 선배. 누군가의 쇼핑 시행착오를 줄여주는 선배. 패션 미디어의 명령에 복종해버릴 옷만 사온 누군가에게 그러지 않아도 충분히 나로서 존재할 수 있다고 안심시켜줄 선배.

난 그런 선배가 되고 싶다.

진짜 부러운 여행에는
지름샷이 없었다

느낌의 자유를 허용하지 않는 입시용 테스트

학창 시절, 나는 '문학'이란 과목을 좋아하지 않았다. 그런 내가 대학교 2학년 때 용감하게도 '영미단편소설강독'이란 수업을 신청했다. 그 수업이 영어 수업이 아니라 영어로 된 문학 수업임을 뒤늦게 알게 된 나는 수업을 듣는 내내 헤맸다. 가까스로 B+를 받았지만, 새로운 즐거움을 알게 됐다. 바로 작가가 표현한 작품 속 메시지가 나의 경험과 만나 생기는 울림에 집중하는 즐거움이었다. 이후 나는 시에 빠져 동아리 게시판에 치기 어린 감상을 끼적거릴 정도로 시를 즐겼다. 나

중에는 감상의 대상을 영화로 확장해서 싸이월드와 블로그에 종종 리뷰를 올리기도 했다.

즐거움이 커져갈수록 어느 순간, 조용한 분노가 다가왔다. 우리는 누구나 한국의 입시 제도를 치루기 위하여 오랫동안 언어 영역이라는 이름으로 문학을 배운다. 나 또한 그리 오랫동안 '문학'을 배웠건만 즐거움을 느낀 적이 단 한 번도 없었다. 선생님이 불러주는 대로 밑줄을 긋고 받아 적기에 바빴던 '문학'은 '느낌'의 자유를 앗아가버렸다. 느낌을 경험하는 대신 참고서 속 깨알 같은 빨간 글자들을 암기해야 시험에서 정답을 맞힐 수 있었다. 내 분노는 문학을 감상할 권리를 빼앗은 주입식 교육으로 향했다.

작가가 자연으로부터, 삶으로부터 무엇을 느꼈는지, 그것을 자기만의 스타일로 어떻게 표현했는지, 그것을 느낄 자유를 박탈당한 채 의미를 알 수 없는 미학을 암기해야 했다. 그때 내가 문학이란 과목을 싫어했던 건 말도 안되는 평가 방식에 대한 반발이었다. 처음부터 정답과 오답이 존재할 수 없는 영역에 같은 잣대를 들이대고, 학생들의 '느낌'에 점수를 매기는 한국식 교육.

영미단편소설강독에서 문학을 향유하는 법을 힘겹게 배우면서 깨달은 것이 있다. 내가 싫어했던 '문학'이란 과목은 느낌의 대상으로서 문학을 취하지 않았다. 정답과 오답이란 이

분법적 잣대로 '느낌'의 우열이 평가되는 순간, 그것은 '문학'이라 할 수 없다. 문학은 텍스트를 인쇄하는 것으로 완결되는 것이 아니다. 독자가 체험한 삶이 작품과 공명하는 느낌이 더해졌을 때 비로소 완성된다. 그런 게 진짜 문학이다. 내가 싫어했던 건 '문학'이 아니라 '느낌'의 자유를 허락하지 않았던 '입시용 텍스트'였다.

여행의 느낌은 돈으로 살 수 없다

하루는 내 블로그에 교사인 구독자가 안부를 남겼다. 방학이 끝나고 출근한 아침, 맞은편에 앉아 있는 라이벌 동료 교사의 여행 자랑에 심장이 쿵쾅거렸다고 했다. 그녀와 동료는 프랑스 유명 브랜드의 신상품을 먼저 입겠다며 무언의 경쟁을 해왔었다. 그들에겐 당연히 여행도 '누가 더?'라는 경쟁의 대상이었다. 그녀의 안부 인사에 짧은 답글을 달려는 데 머릿속이 너무 시끄러워 한 글자도 쓸 수 없었다.

마침 그때 난 여행 에세이 《지금 이 순간 프랑스》를 읽으며 '여행'의 의미를 새롭게 받아들이던 차였다. 그 책을 읽으며 옷을 좋아하던 내가 등식처럼 받아들이고 있던 '여행은 곧 쇼핑'이라는 생각이 깨지고 있었다.

책 속 여행의 시작은 파리. 빅토르 위고의 소설 《노트르담 드 파리》와 뮤지컬이 노트르담 대성당의 아름다움과 함께 소개된다. 작가는 콰지모도의 숭고함에서 진정한 인간성이 무엇인지 생각해보고, 15세기 노트르담의 아름다움을 소설에서 복원하고자 열정을 쏟았던 빅토르 위고의 노력에 존경을 표했다. 알자스의 '오베르네'라는 작은 마을에서 와이너리를 방문했다가 쓴 글에선 "제일 잘나가는 와인은 뭔가요?"라는 한국인다운 질문을 했다가 머쓱해졌다는 일화가 소개된다. 그리고 절대적인 기준보다 자신의 오감으로 좋은 와인을 찾을 수 있다는 인생의 깨달음을 전한다.

생 쟁 피 드 포르에서 시작되는 순례자의 길 편에선 순례자 숙소에서 만난 친구와의 사연이 인상적이었다. 마음의 소리를 따라 진실을 찾기 위해 순례자의 길을 걷는다는 롤란드. 그의 진실은 고향 오스트리아에 있었더란 이야기를 전하며, 작가는 파울루 코엘료의 소설 《연금술사》를 떠올렸다. 작가 자신의 여행도 코엘료의 소설이나 롤란드의 사연만큼 신비했다는 문장에 내 눈은 꽤 오래 멈춰 있었다.

작가는 여행의 '느낌'을 자신의 언어로 충실히 풀어냈다. '여행'이란 낯선 곳의 길과 풍경, 음식을 체험하고, 그곳의 과거와 현재 속 사람들을 만난 후, 나의 '느낌'을 더했을 때 완성되는 것이라는 걸 깨닫기에 충분한 글이었다.

　책을 덮자 가슴이 뜨거워졌다. 그건 '나도 가고 싶다'가 아니라, '나도 느끼고 싶다'는 '느낌'의 열망 때문이었다. 작가가 도둑맞고 당황했던 사연까지도 멋져 보일 만큼 그녀가 부러웠다. 줄곧 여행은 곧 쇼핑이라고 생각해왔지만 비싼 물건 '지름샷' 하나 없는 그의 여행은 나의 여행보다 훨씬 세련돼 보였다. 물론 책 속에 지름샷이 전혀 없는 것은 아니다. 파트리크 쥐스킨트의 소설《향수》의 배경 그라스의 냉침법으로 제조된 향수, 그리고 지인에게 루르드의 성수를 담아 선물하기 위한 유리병 몇 개. 그런데 그마저도 여행의 연장이라 자랑보단 감성으로 다가왔다.

　만약 현지에서 저렴하게 구입한 셀린이나 생로랑 혹은 샤넬백 지름샷이 있었다면 어땠을까? '전혀 부럽지 않다'면 그건 거짓말이다. 그러나 그 부러움은 전혀 다른 부러움이다. 그런 건 돈만 있으면 살 수 있는 것들이다. 작가가 여행 중 몇 번이나 경험했듯 도둑맞을 수도 있다. 게다가 물건을 소유해서 느끼는 즐거움은 타인과 나눌 수 없다. 반면 여행의 순간 마음속에 새겨버린 작가의 느낌은 돈으로 살 수 있는 것도 아니고, 누가 훔쳐갈 수 있는 것도 아니다. 여행지에서 얻은 느낌은 온전히 자기만의 것이지만 그 느낌을 글로 남기면 타인과 공명하는 통찰이 되기도 한다. 여행 중 '느낌'은 지름샷 속 비싼 물건이나 호화 여행보다 차원 높은 부러움의 대상이 아닐까?

진짜 여행의 의미

여행을 새롭게 인식하고 나니 지난 여행을 돌아보지 않을 수 없었다. 1996년 두 달간 단기 어학연수로 다녀온 영국 옥스퍼드. 영어 한마디 제대로 못해 주눅이 든 채 혼자 잔디 공원에 드러누워 전람회 음악을 들으며 그곳의 공기를 즐겼다. 나를 '서울대 다니는 이상한 여자애' 이상으로 보지 않던 한국 유학생들 대신 나를 '쾌활한 유리'로 대하던 외국 친구들과 어울렸다.

왜 '유리'라는 남자 이름을 쓰냐고 궁금해했던 슬로베니아 친구, 케임브리지에서 만난 한국 남자를 짝사랑했다가 옥스퍼드로 도망쳐왔다고 힘겹게 고백한 일본 친구, 늘 약속 시간이 30분쯤 지난 뒤 태연히 나타나던 스페인 친구들, 미국 영어와 미국 문화를 얕잡아 보던 영국인 선생님들, 느려터진 버스 요금 계산 방식을 참지 못하는 나와 달리 한없이 태평한 표정으로 버스가 출발하기를 기다리던 영국 할머니들. 유창한 영어 대신 내 기억에 남아 있는 것들이다.

2006년에는 필리핀 마닐라의 지인 집에서 일주일간 머물렀다. 엄청난 검은 연기를 내뿜던 소형 버스 지프니에 빼곡히 타고 있던 사람들, 다 쓰러져가는 집 앞마당에 나와 빨래를 너는 엄마 옆에서 호기심 가득한 눈으로 관광객을 바라보던 아이들, 특별히 잘못한 것도 없는 운전 기사를 몰아붙이던 한국 아줌마들, 우리나라 쇼핑몰과 별반 다를 바 없는 모던한 쇼핑몰 앞에 서 있던 무장 요원들. 10년 후 가족들과 간 세부에서도 리조트 밖 풍경은 같았다. 여전히 필리핀의 계급 불평등이 불편했다. 2006년 귀국하며 지갑 속 동전을 지인의 기사 에릭에게 모두 주었을 때 그는 황송해서 어쩔 줄 몰랐다.

2007년 3주간 머물렀던 뉴욕. 〈섹스 앤 더 시티〉 투어보단 센트럴파크와 덤보를 걸어다닌 게 더 좋았고, 모마MOMA나 메트로폴리탄 박물관의 유명 작품보단 첼시 갤러리의 무명 작가 작품이 더 매력적이었다. 음반 가게에선 미국 팝 음악보단 남미 음반을 소장하면서 짜릿함을 느꼈고, 우드버리 커먼스 아울렛이나 삭스 피프스 뉴욕 백화점보단 딘 앤 델루카의 식료품을 구경하는 게 재밌었다. 소호의 작은 카페에서 유대인 금발 여성의 어투가 서울 강남 여성들의 그것과 왠지 모르게 비슷해 귀를 쫑긋 세웠을 때, 가슴을 훤히 드러내고도 당당히 팁을 요구하는 타임스퀘어의 카우 걸을 보았을 때, 블루밍데일즈 백화점 바로 옆 샐러드 가게에서 깡마른 중년의 패션 피플을 보았을 때, 혼자 조용히 신이 났다.

2014년 며칠 방문한 호치민. 그곳에서도 쇼핑몰부터 가는 촌스러움을 버리지 못했지만, 매일 비슷한 패턴으로 반복되는 스콜, 독특한 향신 채소가 매력적인 저렴한 현지 음식, 피부가 그들보다 흰 나를 훔쳐보는 베트남 사람들의 수줍음에 씩 웃었다.

뒤늦게 기억의 파편을 모으다 보니, 이 모든 여행에서 내가 공통적으로 경험한 한 가지가 있었음을 깨달았다. 너무 재밌는 장면을 목격했을 때, 뒤통수를 치는 듯한 충격을 받았을 때, 혼자 보기 아까운 풍광을 마주했을 때, 그리고 말로 설명할 수 없는 희열을 느꼈을 때 난 그걸 누구와 나눠야 할지 몰랐다.

난 고독했다. 어쩌면 여행 작가들은 여행 중 고독을 제대로 이용하는 사람들일 것이다. 그들은 고독을 이용해서 자신의 '느낌'에 동행해줄 누군가를 찾기 위해 글을 써온 게 아닐까.

그러나 난 그때의 고독을 기회로 삼지 못했고, 그 느낌을 휘발시켜버렸다. 나는 내가 살던 세계가 전부가 아님을, 그리고 비현실로 알던 그곳에 현실이 있음을 보는 게 좋았다. 관찰자의 눈을 반짝일 때마다 살아 있음을 느꼈다. 그러나 내 이야기는 남지 않았다.

여행 중 지름샷이 부럽지 않은 이유

박정은 작가는 아무것도 자랑하지 않았다. 만약 작가가 비싼 오페라 공연을 봤고, 사진만 봐도 침이 고이는 맛있는 음식을 먹었으며, 최고급 호텔에서 묵었다고 자랑했으면 어땠을까? 그때부턴 '누가 더?'로 이기고 지고가 판가름 나는 경쟁이 되는 동시에 여행은 의미를 잃고 만다.

진짜 여행은 화폐나 숫자 같은 알량한 잣대로 평가될 수 없다. '부러우면 지는 거다'란 성공과 실패의 이분법적 사고방식도 끼어들 수 없다. 어떤 여행이든 남들이 뭐라고 평가할 수 없다. 여행은 오직, 그들 자신의 것이니까. 내가 어디를 가든 내 '느낌'을 입힌 여행이라면 아무도 평가할 수 없다.

블로그 구독자의 댓글에 생각을 추려 답글을 달다가 먼 지인의 신혼여행기를 듣다 어딘지 모르게 불편했던 언젠가의 기억이 떠올랐다. 그들의 신혼여행지는 유럽 이곳저곳이었고, 목적은 오로지 쇼핑이었다. 그들이 사온 것은 롤렉스 시계와 버버리 트렌치코트, 그리고 샤넬백이었다. 돌아올 땐 세관의 눈을 피하기 위해 허름한 옷차림으로 자신들의 정체를 숨겼다. 엄청난 득템 얘길 듣고 전혀 부럽지 않은 건 아니었지만, 시간이 흘러 돌이켜보니 난 그들의 '여행'을 부러워할 이유가 없었다. 그들은 나에게 여행의 느낌을 전하기보다 그곳에서 사온 것들을 자랑하기에 바빴다. 그들이 한 건 여행이라기보다는 '원정 쇼핑'에 가까웠다.

감히 내가 누군가의 '원정 쇼핑'을 비난할 자격은 없다. '여행=쇼핑'이라고 여겼던 나 역시 그럴 수 있었다면 그러고도 남았을 테니. 다만 '원정 쇼핑' 이야기는 내게 진짜 여행의 의미가 무엇인지 생각할 기회를 주었다. 난 구독자 분에게 이렇게 답글을 달았다.

"동료 교사 분의 여행을 부러워하지 않으셔도 될 것 같아요. 여행에서 느낀, 보이지 않는 걸 기록해서 여행 가방에 담아오는 것. 그게 진짜 '여행'에서 할 수 있는 진짜 '쇼핑'이 아닐까요? 그동안의 여행 중 특별한 느낌과 이야기가 남은 본인의 기억을 한 번 떠올려보세요."

여행 후 진짜 자랑거리는 한 장의 지름샷에 담기지 않는다.

아름답게 나이 드는 법-외면

40대가 되고부터 노화를 부쩍 체감하고 있다. '어떻게 하면 나이 들고도 아름다울 수 있을까?' 피할 수 없는 질문이다. 엘리자베스 테일러보다 몇 배나 아름답게 나이 들었던 오드리 헵번. 똑같은 옷, 주름진 얼굴, 벗겨진 머리로도 늘 멋있던 스티브 잡스. 염색하지 않은 머리가 오히려 더 멋진 강경화 장관. 그리고 무대 위 화려한 모습보다 아름다운 소길댁 이효리. 이들에게서 아름답게 나이 들기의 힌트를 찾아보았다. 물론 내 생각도 조금 보태서.

1. 근력 운동은 꼭!

날씬한 몸으로 좋아하는 옷을 즐겁게 소화하기 위해 난 꼭 유산소 운동을 한다. 근력 운동에 대해선 솔직히 할 말이 없다. 이대로 방치했다간 등과 어깨가 굽는 걸 피할 수 없을 것 같아 곧 필라테스를 시작할 예정이다. 전문가들에 따르면 나이가 들수록 욕심 내야 하는 건 등 근육이다. 등이 굽는 건 등 근육 부족 때문. 근육을 키우면 코르셋 없이도 코르셋을 장착한 듯한 효과를 볼 수 있다. 나이 드는 건 못 막아도 몸 굽는 건 막을 수 있다니, 근력 운동은 꼭!

2. 샤워 후 보디 로션과 보디 오일은 필수

의외로 많은 이가 보습에 신경을 쓰지 않는다. 20대 때부터 난 샤워 후 로션과 오일을 모두 발랐다. 그래서인지 친구들이 내 팔에 몸이 스칠 때면 부드러워서 깜짝 놀랄 정도다. 비결은 비싼 제품이 아니라 매일의 습관이다. 팔이나 다리가 노출되는 옷을 입을 때 관리는 반드시 빛을 발한다.

3. 화려한 프린트 옷보다 심플한 단색 옷

나이가 들면 주름이나 기미 같은 세월의 흔적이 얼굴에 남는다. 얼굴에 디테일이 생기는 셈. 이런 얼굴에 디테일 가득한 옷이 더해지면 시각적으로 산만하다는 인상을 주게 된다. 화려한 꽃무늬가 아닌 심플한 옷을 즐겨 입는 배우 윤여정의 스타일이 멋져 보이는 이유는 심플한 단색 옷에 있다. 튀는 색상은 얼굴에서 먼 신발이나 가방, 또는 하의로 선택하길!

4. 보석 박힌 액세서리보다 심플한 골드나 실버

대학생인 딸과 함께 백화점 문화센터의 스타일링 클래스를 수강하러 온 60대 여성 C. 옷장 속 잠자는 네이비 재킷의 스타일링 방법이 궁금했던 그녀는 왜 자신이 입으면 그 옷이 너무도 아줌마 같아 보이는지 궁금해했다. C는 화려하게 장식된 커다란 다이아몬드 금 반지와 장식이 많은 시계를 착용하고 있었다. 나는 C의 반지와 시계를 잠시 빌렸다. 그러자 내 옷은 금세 아줌마 옷이 되어버렸다. 반면 나에게 어떤 보석도 박혀 있지 않은 심플한 팔찌와 시계를 빌린 C는 한결 멋스러워 보였다.

5. 보톡스 말고 디톡스

필러나 보톡스를 100퍼센트 피할 순 없다. 그러나 과유불급. 시술은 국소 부위의 주름을 펴주지만, 디톡스는 몸을 전반적으로 깨끗하게 해준다. 난 1년에 한 번 디톡스를 한다. 다양한 경로로 몸에 축적된 독소는 각종 염증과 질병은 물론, 좋지 않은 냄새를 유발하는 원인 이다. 한 번도 디톡스를 하지 않는 몸은 한 번도 쓰레기를 버리지 않 은 집과 같다. 화이트 셔츠가 점점 누렇게 변한다면, 몸속에 독소가 쌓인 건 아닌지 의심해보라. 나는 디톡스 직후 눈 흰자 위가 맑아지 는 게 늘 신기하다. 몸은 물론 낯빛까지 한결 맑아져 어딘지 모르게 예뻐 보인다. 디톡스의 구체적인 방법과 효과가 궁금하다면 알레한 드로 융거 박사의 책《클린: 씻어내고 새롭게 태어나는 내 몸 혁명》 을 참고할 것!

6. 비싼 안경 말고 단점을 가려주는 안경

'이거 비싸게 줬는데.' 나이 들어 보인다는 내 견해에 갸우뚱하는 반 응들. 비싼 안경이 나이 들어 보이는 인상을 만드는 주범이 되는 걸 종종 본다. 가격과 브랜드로 선택하는 안경이 아니라 얼굴의 단점 은 가리고 장점을 살려주는 안경을 찾아보자. 안경은 365일 착용하 는 아이템이기 때문에 각별히 신경 쓰길 권한다. 한 끗이 큰 차이를 유발하기 때문. 나는 아시안 핏으로 우리 얼굴에 마법을 부리는 '젠틀몬스터' 제품을 사랑한다. 노안이 본격화되면 사려고 골라둔 안경 브랜드는 '프레임 몬타나'다. 이 브랜드는 온라인 고객들을 위해 종이 안경으로 자신에게 어울리는 안경을 찾을 수 있도록 도와준다.

7. 반영구 눈썹 No, 눈썹 정리 OK

눈썹은 정말 중요하다. 잘못하면 화난 사람처럼 눈썹이 치켜올라가 보이기도 하고 매우 나이 들어 보이기도 한다. 나는 청담동에서 메이크업을 받았을 때 특히 눈썹이 마음에 들어 한동안 그때 사진을 화장대에 두고 눈썹 정리를 할 때마다 참고했다. '베네피트'나 'RMK' 같은 브랜드의 아이브로 컨설팅 서비스를 이용하는 것도 방법. 또 자신이 표현하고 싶은 이미지에 근접한 셀럽의 눈썹에서 힌트를 얻을 수도 있다. 반영구 눈썹은 추천하고 싶지 않다. 눈썹 관리가 어려워서 받는 반영구 시술은 대부분 자연스럽지 않다. 귀찮더라도 눈썹은 매일 자연스럽게 관리하라. 개인적으로 펜슬보단 아이브로 섀도가 자연스러운 눈썹을 표현하는 데 효과적이었다.

8. 짙은 화장보단 빛나는 눈

60대에 모델계에 입문한 김칠두는 주름과 흰머리, 덥수룩한 수염에도 아우라가 대단해 보인다. 눈빛이 살아 있기 때문이다. 반면 다른 시니어 모델의 사진을 인스타그램에서 훑어보다 과한 시술과 짙은 화장에 황급히 뒤로 가기를 누른 적도 있다. 옅은 메이크업에 빛나는 눈, 짙은 메이크업에 '나를 좀 봐줘' 하고 바라는 눈. 어느 쪽이 매력적인 외양을 완성할까? 짙은 화장은 눈을 피하게 하지만, 빛나는 눈은 뒤돌아보게 한다. 빛나는 눈을 갖는 법에 대한 설명은 내면에서 이어진다.

9. 토털룩의 70퍼센트만 편한 아이템

많은 여성이 출산 이후 편한 옷만 찾는다. 나도 출산과 육아를 경험해봤기에 이유를 모르지 않는다. 그런데 토털룩의 100퍼센트를 편한 옷으로 선택하면 편안함의 투머치가 발생한다. 그렇다고 해서 100퍼센트 긴장한 옷을 권하고 싶지는 않다. 100퍼센트 긴장한 옷은 보는 사람을 불편하게 만들고, 100퍼센트 편한 옷은 속세를 떠난 사람 같다. 나는 오버핏 티셔츠나 오버핏 블레이저 같은 헐렁한 옷을 즐기지만, 하의는 스키니진, 그리고 6센티미터 굽 신발을 선택해 약간의 긴장감을 유지하는 편이다. 편안하지만 멋스러운 외양을 위해선 30퍼센트 정도는 긴장감을 유지하길 권한다. 멋내지 않았는데 이상하게 멋진 스타일은 화려한 옷이 아니라 느슨함과 긴장감이 대비된 토털룩에서 나온다.

10. '예쁘다'보다 '멋있다'

'멋있다'의 대표 주자 강경화 장관. 염색하지 않은 머리에서 묻어나는 무심함. 그것이 '멋있다'는 감탄을 자아낸다. 허옇게 센 머리를 염색으로 가리지 않고 내어놓는 당당함. 그녀에게서는 타인의 시선에

휘둘리지 않고 자신의 길을 가려는 단단함이 느껴진다.

반면 '예쁘다'는 말은 흰 피부, 굴곡 있는 몸, 가는 얼굴선에 하는 말이다. 나이가 든 나는 이제 거울을 보면 속상할 때가 더 많다. 그러나 '예쁘다'를 내려놓고 '멋있다'를 공략하면 어떨까. 나이 들수록 자신만의 신념과 스타일링 스킬만큼은 내 것이 될 수 있으니 '멋있다'엔 끝까지 욕심내보자.

How to

아름답게 나이 드는 법 - 내면

1. 수다보다 글 쓰기

카페에서 글을 쓰거나 책을 읽다 보면 의도치 않게 다른 사람들의 수다를 엿듣는 경우가 있다. 신세 한탄, 몇 년째 해결되지 않는 고민. 침묵을 방해하는 수다에 잠시 눈을 들어 살피면 그 얼굴은 근심, 욕심, 분노로 짓눌려져 있다. 모든 감정을 수다로 푼다고는 하나, 수다가 끝나고 나면 마음엔 여전히 과제가 남아 있지 않을까. 게다가 듣는 이가 공감해주지 않는다면 상처는 더 깊어질 뿐이다. 내면은 반드시 얼굴에 흔적을 남긴다. 그런 점에서 난 수다보다 글 쓰기를 권한다. 글 쓰기는 가장 나를 잘 아는 내가 나에게 말을 거는 작업이다. 글을 다 쓴 뒤 독자로서 읽어보면, 내 문제는 내 눈에 가장 잘 보이고, 나에겐 내가 가장 공감할 수 있다는 것을 깨닫게 된다. 글 쓰기는 표정까지 바꾼다.

2. '왕년에 내가'보다 '앞으로 내가'

50대 중반의 J는 정체성에 대한 상담을 하던 중 내게 '건강한 라이프

스타일'을 전파하는 100만 유튜버가 되고 싶다고 말했다. 나는 끊임없이 빛나는 그녀의 눈에서 아름다움을 보았다. 친구들은 그 나이에 주책이라고 핀잔을 준다지만, 여전히 미래를 기대하는 그녀는 참 아름다워 보였다. '왕년에'라는 말보다 '앞으로 내가' 무엇을 할지 생각해보자. 스티브 잡스의 눈이 그토록 빛났던 것도 바로 그런 이유가 아닐까.

3. 혼자 놀기에 익숙하기

하고 싶은 게 있을 때 누군가와 함께할 수 있다면 금상첨화이지만, 그렇지 않은 경우도 많다. 이럴 때 혼자 품위 있게 놀기를 권한다. 혼자 미술관을 유유자적할 때 최고로 자유로우며, 말 없이 혼자 카페에서 사람 구경하는 게 최고로 재밌다. 인간은 아무것도 하지 않을 때보다 노동의 과정에서 성장과 성취를 경험할 때 진정 몰입과 즐거움을 경험하는 존재이다. 뭔가 만들어내기 위해 집중하려면 사람은 필히 혼자여야 한다.

4. '나이다움'보다 '나다움'

'나이에 맞게'라는 말, 참 자주 듣는다. 대체 나이답다는 게 뭘 말하는 걸까? 누군가가 나를 어떤 카테고리에 가둬놓고 그에 해당하는 준거를 강요하는 건 폭력과 다름없다. '여자가'라는 말은 그런 면에서 더 없이 폭력적인 말이다. 30대는 어떤 옷을 입어야 하고 40대는 어떤 차를 타야 하는지. 이런 건 대체 누가 정하는 걸까?

지금도 스웩 넘치는 옷을 입고 멋들어지게 춤추는 가수 박진영이 이제 나이 들었으니 나이에 맞게 수트를 입고 가곡을 부르겠다고 하면 어떨까? 나이 들어도 멋진 사람은 나이에 자신을 맞추는 사람이 아니라 딱 자기다운 모습으로 나이 든 사람이다.

5. '좋은 사람'보다 '건강한 사람'

체중을 관리할 때, 나는 나 자신을 컨트롤할 수 있음, 즉 자기효능감을 즐긴다. 정신 건강도 마찬가지. 자신을 알면 감정 조절이 가능해진다. 가령 화나는 상황을 정확히 알고 있으면, 상대방에게 곧바로 화를 내 상황을 악화시키는 것과 무조건 참아서 스트레스가 누적되는 것 모두를 피할 수 있다. 자기 감정을 존중하는 사람이 '건강한 사람'이다.

건강한 사람이 되기로 한 이후, 나는 상대방에게 버럭 하지 않고 혼자일 때 혹은 마음속으로 화를 표현한다. 이건 내 감정을 존중함으로써 내 존재를 존중하는 동시에 타인과 원만함을 유지하려는 전략이다. 감정 조절에 성공하는 경험이 축적되면 스스로 자랑스러워진다. '좋은 사람'이 되려다 마음의 병을 키우기보다는 부디 '건강한 사람'이 되자.

6. 자기 매력 알기

멋쟁이들에게서 왠지 모를 여유가 느껴지는 건 자기 매력을 알고 있기 때문이다. 자기 매력을 알면, 관객의 필요를 못 느낀다. '나 오늘 어때?'라고 의견을 묻는 사람보다 '나 오늘 괜찮은데'라고 자기 확신을 갖는 사람이 아름답다.

7. 자기만의 콘텐츠를 가질 것

외향적인 성격이 아니라도 매력 있는 사람들은 자기 콘텐츠를 갖고 있다. 유행하는 개그나 드라마를 언급하지 않더라도 대화 소재가 고갈되지 않고, 과한 리액션이 오가지 않아도 즐거운 대화가 가능한 사람. 그런 사람이 아름다운 사람이다.

8. 여자다운 얼굴보다 아름다운 영혼

나이가 들수록 외적 여성성으로 아름다움을 표현하는 건 힘들다. 아름다운 영혼의 소유자만이 아름다운 사람이 될 수 있다.

9. 흑역사는 나의 힘

글 쓰기 클래스를 운영하면서 나는 수강생들에게 평생 덮어두었던 흑역사에 대해 쓰게 한다. 처음에는 꺼내놓는 것조차 힘들어하지만, 결국 흑역사를 새롭게 바라보고 털어버리는 건강한 모습으로 점차 바뀐다. 옆에서 그 과정을 지켜보는 건 꽤 신나는 경험이다.

못난 과거를 용감히 들여다보고 그것이 반복되지 않도록 자신의 삶을 디자인할 줄 아는 사람. 과거를 돌아보며 타인을 원망하기보다는 과거를 통해 묵묵히 미래를 설계하며 삶을 개척해갈 줄 아는 사람.

그런 사람이 나이 들수록 아름다운 사람이다.

10. 자기 자신과 즐거운 결혼 생활

죽을 뻔한 나를 살려준 책 《나는 생각이 너무 많아》에서 가장 인상적인 문장은 이것이었다. "당신은 평생 당신 자신과 결혼했다." 지구 밖으로 쫓겨나 홀로인 것 같던 내게 이 말은 충격이었다. 누군가의 위로가 시급한데 대체 혼자서 뭘 하란 말인가? 몇 년이 지난 지금의 난, 나 자신과의 결혼 생활을 꽤 잘 꾸려가는 중이다. 힘들 때나 괴로울 때 내 마음에 100퍼센트 공감해줄 수 있는 사람은 평생 나 하나뿐. 나를 위해 좋아하는 가운을 입고, 좋아하는 슬리퍼를 신는다. 혼술, 혼밥이 일상이지만 내가 나를 사랑해주니 남에게 실망할 일도 상처받을 일도 적다. 언제 만날지 모를 소울메이트를 만나도 나와의 이런 결혼 생활은 유지할 계획이다. 사랑이란 홀로 존재할 수 있는 건강하고 성숙한 두 사람이 함께하는 것이니.

아름답게 나이 드는 법-관계

1. 카리스마보다 아우라

자신이 비상한 힘을 가졌음을 타인으로 하여금 믿게 하는 능력. 이런 능력을 우리는 카리스마라 부른다. 나이로 카리스마를 드러내는 건 촌스러운 접근법이다. 나는 누군가를 압도하기보다는 그냥 나이고 싶다. 내가 카리스마보다 좋아하는 말은 '아우라'다. 남과 구별되는 사람, 주위를 압도하지는 않지만 조용히 존재감을 발하는 사람, 그런 사람이 나이와 상관없이 가까이 하고 싶은 사람이 아닐까?

2. 닮고 싶은 사람 되기

가수 이효리는 2000년대를 대표하는 패션 아이콘이었다. 섹시하고 건강한 외모 덕분에 솔로로 데뷔한 후 단숨에 톱스타가 되었다. 10년도 더 지난 지금 그녀는 여전히 우리 시대의 아이콘이다. 2000년대의 그녀가 예쁜 외모로 워너비 스타가 되었다면, 지금의 그녀는 라이프 스타일에 녹아 있는 신념으로 워너비 스타가 되었다. 자신의

가치와 신념으로 누군가에게 선한 영향을 주는 사람. 그런 사람이
후배들에게 닮고 싶은 사람이 된다.

3. '어떻게 그럴 수 있어!'보다 '그럴 수 있지'

'어떻게 그럴 수 있어!' 기대가 클수록 실망도 크다. 기대한다는 건
누군가에게 나만의 엄격한 기준을 적용한다는 말이나 다름없다. 나
이가 들수록 세상 모든 사람이 내 기준에 부합할 수 없음을 이해하
는 너그러움을 배운다. 설령 누군가가 나를 실망시키더라도 먼저
'그 사람이 왜 그랬을까?' 생각해본다. '그럴 수 있지'라고 이해하기,
물론 어렵다. 그러나 거듭 이렇게 하다 보면 어느새 자기중심적 사
고에서 점차 벗어나 어른이 되어간다.

4. 어린 사람들과 편한 친구

나와 막역한 친구 중엔 50대인 언니가 있다. 둘이 있으면 누가 위고
아래고 없이 시간 가는 줄 모르고 대화를 나눈다. 무심코 꺼낸 어린
시절 추억 속 대중문화가 다른 것에 살짝 놀랄 뿐이다. 그녀는 열 살
이상 어린 나를 늘 동등한 존재로 대해준다. 이미 막역한 사이가 되
었지만 그녀는 한 번도 주어에 '언니'라는 명사를 쓴 적이 없다. 상
대적으로 어린 내 입장에서, 그리고 나보다 어린 사람들에게 그러지
못하는 내 입장에서 연장자의 그런 태도는 곱씹어볼수록 참 멋지다.

5. 화날 땐 '버럭' 말고 소곤소곤

화날 땐 그 즉시 상대방에게 '버럭' 하기보다 먼저 혼자서 감정을 표현하자. 한 번 내뱉고 나면 상대방에게 '버럭' 하고 싶은 마음이 적어진다. 상대방에게는 상대방의 언행 중 무엇이 불편했는지 감정을 뺀 어투로 차분하게 전해보자. 이때 주어를 '너'가 아닌 '나'로 두자. 예를 들어 '너의 그 말은 기분 나빠'가 아니라 '나에게 그 말은 상처가 돼'로 표현하는 것이다.

6. 사과할 땐 사과만

미안할 일은 만들지 말아야 하지만 인간인 이상 실수를 피할 순 없다. 그럴 땐 "미안해"라고 말해보자. 최고의 사과는 오로지 사과만 하는 것. "미안한데, 내가 일부러 그런 건 아니니까 이해해줘. 너도 내 나이가 돼보면 이해할 수 있을 거야." 온 마음을 다해 사과해도 풀릴까 말까인데 이해까지 바라는 건 안 하느니만 못한 사과다.

7. 잔소리보다 경청과 공감

"왜? 내 말이 맞잖아." 꼰대가 잔소리를 정당화하려는 시도다. 그러나 관계에서 옳고 그름보다 더 중요한 건 경청과 공감. 누군가의 그럴 수밖에 없는 사정에 귀 기울여주는 사람, 나이와 비례해 공감 능력을 키우는 사람. 그런 사람이 아름다운 사람이다.

8. 나를 고갈시키는 관계는 차단할 것

막연히 '좋은 사람'이 되고 싶다는 바람으로 살았던 난, 30대 후반까지도 나를 고갈시키는 말로 나를 이용하는 사람들에게 나를 방치했다. 그러다가 글 쓰기로 삶을 돌아보면서 자연스럽게 그 관계들을 정리했다.

에너지를 아껴 소중한 관계에 더 집중하자. 소중한 관계란 나를 고갈시키지 않고, 나를 더 나로서 있을 수 있도록 돕는 사이다. 관계를 위해 관계를 차단하고 나를 지키는 것, 나이 들수록 꼭 필요한 대인 기술이다.

chapter 4

행복은 진정한 소통에서 나온다

내가 받고 싶은 선물은
나를 알아봐주는 마음

'주고 싶은 것'과 '받고 싶은 것'

2014년 어느 날, 친구 JS가 선물로 책을 보냈다. 택배 상자를 열어 마주한 책의 제목은 《인생에 대한 예의》. '귀찮아서, 혹은 두려워서 미뤄왔던 나의 행복들에게'라는 부제가 흥미로웠다. '예의'라는 말은 타인을 대면하면서 나를 통제할 때 써온 단어였는데, 내가 나를 보살피자는, 내 인생에 예의를 갖춰야 한다는 이야기라니.

작가는 세계 각지를 떠돌아다니며 만난 친구들에게서 배운 마음 치유법을 소개한다. 아홉 편의 에피소드를 읽는 동안 오랜만에 내게 딱 맞는 허브 향을 맡은 듯 정신이 이완됨을 느꼈다.

책의 중간쯤을 넘겼을 때 히말라야를 등반하다가 겪은 에피소드를 마주했다. 등반 도중 휴식차 잠시 마을에 들른 그녀는 자신에게 다가오는 아이들을 본다. 그녀는 여느 때처럼 가방을 뒤져 먹을 것을 찾아 아이들의 손에 쥐어준다. 그러나 아이들이 원했던 건 간식거리가 아니라, 그녀가 쓰고 있던 선글라스였다. 아이들은 강렬한 직사광선으로부터 눈을 보호해 줄 선글라스가 갖고 싶었던 거다. 아이들이 '받고 싶은 것'과 자신이 '주고 싶은 것' 사이의 괴리를 확인한 그녀는 부끄러움을 느꼈다. 작가는 선글라스를 끝내 벗어주지 못했기 때문이다. 그녀는 꽤 오래도록 그 아이들에게 미안함을 느꼈다.

작가의 사연을 보면서 그즈음 A 매거진에서 본 뷰티 아이템 선물에 대한 남성들의 인터뷰가 떠올랐다. 절반은 이런 내용이었다.

"겨울이면 피부가 건조해져서 면도 후 하얗게 각질이 일어나는데, 여자 친구가 피지오겔 로션을 선물해줘 피부도 좋아지고 고마운 마음도 배가됐다."

"딸에게 스파 트리트먼트를 선물 받았는데, 90분 동안 내 몸에만 집중할 수 있는 휴식 시간을 가질 수 있어 특별했다."

절반은 정반대의 고백이었다.

"피부 타입에 맞지 않는 화장품 선물 세트를 받는 건 당혹스러운 일이다. 잘 쓰고 있냐고 물어볼 때마다 억지 웃음을 지어야 해서 곤란하다."

"청결과 위생이 중요한 직업상 진료 중에는 핸드크림을 쓰지 않는데, 향이 강하고 끈적거리는 핸드크림 선물은 최악이다."

우리는 늘 '주고 싶은 것'과 상대가 '받고 싶은 것'이 같기를 바라지만 그런 경우는 그리 흔치 않다. 양자가 같을 경우, 주는 사람의 사려 깊음은 받는 이뿐만 아니라 보는 이에게도 적지 않은 울림을 준다. 내게 그런 울림을 준 영화가 있다.

알아봐주는 마음

영화 〈더 리더〉에서 10대 소년 마이클과 30대 여성 한나

는 사랑을 나누는 사이다. 한나에게는 문맹이라는 비밀이 있
다. 마이클과 사랑을 나누고 나면 그녀는 마이클에게 책을 읽
어달라고 부탁한다. 그런 둘의 관계는 몇 달간 지속된다. 그러
던 어느 날 성실한 한나는 사무직으로 승진할 기회를 얻지만,
승진하면 자신이 문맹임이 드러날지도 모른다는 공포에 예고
없이 사라져버린다.

　몇 년 후 법대생이 된 마이클은 나치 전범 재판에 참관한
다. 그리고 그때 피고인석에 앉은 한나를 본다. 한나는 유대
인 포로수용소에서 관리자로 일했던 전범이 되어 있다. 마이
클은 충격에 빠진다. 마이클은 그럴 리 없다며 괴롭게 기억
을 더듬는다. 한나가 식당에서 메뉴판을 보지 않고 자신과 같
은 메뉴를 주문했던 것, 학살이 행해졌다던 교회 옆을 지날
때 그녀가 말 없이 눈물을 흘렸던 것, 그리고 늘 책을 읽어달
라고 청했던 것. 마이클은 그녀가 문맹이었음을 깨닫는다. 그
리고 마침내 학살에 가담한 그녀의 행동이 비의도적이었음을
알게 된다.

　그러나 그녀는 자신의 무죄를 증명해 보일 수 있는 유일
한 사실을 밝히지 않는다. 그 모습을 지켜보던 마이클은 고통
스러운 가운데 갈등한다. 한나가 문맹임을 밝히지 않음으로
써 그녀의 '자존심'을 존중해줄지 문맹임을 밝혀 무죄를 증명
하고 '생명'을 살릴지. 그는 예상과 달리 그녀의 '자존심'을 선

택한다. 그것은 그녀에 대한 존중에서 우러나온 결정이었다. 그녀가 원한 건 자신의 목숨을 걸고서라도 '자존심'을 지키는 것이었으니까.

세월이 흐르고 한나는 노년의 장기 복역수가, 마이클은 중년의 변호사가 되어 다시 만난다. 수의를 입은 늙은 그녀를 바라보는 마이클의 눈빛은 애틋하다. 수감 기간이 남은 그녀를 위해 그는 그녀의 자존심을 손상시키지 않으면서도 그녀가 원하는 것을 주기로 한다. 그는 동화책을 읽어 테이프에 녹음하고, 테이프를 책과 함께 우편으로 그녀에게 보내준다. 그가 그녀에게 선물한 것은 '문해력'이었다.

그녀는 결국 글을 읽게 된다. 매일 설레는 마음으로 우편물을 기다리고, 한 자 한 자 익혀가는 그녀의 눈빛은 소녀 같다. 비록 감옥 안이었지만 진정 어린 사랑받았기에 그 순간은 그녀에게 평생 가장 행복했던 때가 아니었을까?

난 마이클이 사랑하는 방식을 보며 감동을 받는 동시에 부끄러워졌다. 난 늘 내가 '주고 싶은 것'을 주면 된다고 생각해왔다. 그러나 마이클은 사랑하는 이가 어떤 사람인지 알았고, '받고 싶은 것'을 알아봤다.

샤넬백을 편한 마음으로 받을 수 있을까?

몇 해 전 우연히 전직 패션 매거진 에디터가 쓴 패션 서적을 넘겨보다가 샤넬백을 선물하는 남자에 대한 수다를 접했다. 저자의 지인들은 대부분 샤넬백을 선물하는 남자 정도는 돼야 남자 친구로서 합격점을 준다고 했다. 가벼운 한숨이 나왔다. 나도 샤넬백을 좋아했던 사람이지만, 남자 친구와 샤넬백을 한 묶음으로 여기는 관점은 불편했다.

이야기는 점입가경이었다. 저자의 지인들은 샤넬백을 선물하는 남자가 갖춰야 할 센스까지 논했다. 고가의 샤넬백을 매일 들기는 아까우니 여자 마음을 아는 남자라면 샤넬백을 선물하는 것은 기본이고, 진품과 똑같은 특A급 이미테이션 샤넬백까지 1+1 세트로 선물할 줄 알아야 한다는 것이다.

지인들의 주장에 저자는 최소한의 이성을 갖춘 듯 혼란스러움을 표현했다. 정말 샤넬백을 1+1 세트로 선물해주는 남자가 나타나면 고맙고도 기쁘겠지만, 그 사람이 너무 선수(?) 같아서 남자 친구로 받아들일 수 있을지 모르겠다는 고백으로 이야기를 끝냈다.

다행이다 싶었다. 이 이야기의 결론이 '이상적인 이성 = 자신의 탐욕을 충족시켜줄 사람'이라는 것은 아니었으니까. 저자의 혼란은 선물과 관계에 대한 다른 차원의 문제를 제기했다. 물론 패션을 사랑하는 사람에게는 값비싼 아이템을 소장하고 싶은 마음과 그것을 아껴 사용하고자 하는 마음이 존재할 것이다. 그러나 선물이 패션을 사랑하는 평균적인 다수의 여자에게 맞춘 것에 지나지 않는 것이라면, 즉 받는 사람을 '더 원the one'이 아니라 '원 오브 뎀one of them'으로 보는 신호라면, 편한 마음으로 선물을 받을 수 있을까?

저자의 혼란에서 '원 오브 뎀'이 될지도 모른다는, 그래서 '나를 알아봐줬다'는 기쁨은 포기해야 할지도 모른다는 불안이 보였다.

'효율성'이라는 이름으로 평가할 수 없다

잘 모르는 사람에게 선물하는 건 늘 난감한 일이다. 그런 경우, 과거에 내가 선택한 방법은 이렇다. 첫째, 가격이 적정한, 주고도 마음 편할 수 있는 선물을 준다. 둘째, 내가 좋아하는 것을 선물한다. 셋째, 대놓고 상대방이 원하는 것을 묻는다. 넷째, 고민의 불편함을 단번에 해결하고자 현금이나 상품권을 선물한다.

《돈으로 살 수 없는 것들》의 저자 마이클 샌델은 선물을 교환하는 행위에 금전적 거래가 끼어드는 순간, 관계가 손상된다고 주장한다. 샌델은 효율성을 최우선으로 여기는 경제학자들의 현금(혹은 상품권) 선물 예찬론을 신랄하게 비판한다.

사람과 사람의 관계에는 '효율성'이라는 이름으로 평가할 수 없는 교감이 존재한다. 선물이 선물이란 이름으로 불리기 위해선 사람과 사람 사이의 교감이 담겨 있어야 한다. 선물하는 게 어려운 이유는 마음을 글이 아닌 물건에 담아야 하기 때문이다. 글 쓰기로 마음 표현하기보다 선물로 마음 표현하기가 더 어려운 일이다.

물론 현금 선물이 '당신은 돈을 좋아하죠?'를 의미하지는 않을 것이다. 그보다는 '당신이 누구인지 맞힐 자신이 없어요'를 의미하지 않을까. 한편 받는 쪽에서 현금 선물을 원한다면 '저는 돈이 좋아요'나 '당신이 나를 알아봐주는 걸 원치 않아요'를 의미하는 건 아닐 것이다. 그보다는 '당신이 나를 못 알아보는 바람에 주는 이상한 선물에 실망하고 싶지 않아요'라는 의미로 해석해야 한다(물론 돈이 꼭 필요한 상황에 처한 사람에게라면 현금은 얼마든지 의미 있는 선물이 될 수 있다).

경제학자들은 물건으로 선물하는 것은 실패할 확률이 높으니 이런저런 낭비를 피하기 위해 상품권이나 현금을 선물하는 게 현명한 방법이라고 주장한다. 사실 돈으로 선물하는 건 참 편리해 보인다. 이를테면 이런 것도 가능하니까. '내 마음은 음, 생각해본 적 없는데. 아, 어떡하지? 그래, 그냥 봉투에 이만큼 담으면 내가 널 이만큼 좋아한다고 생각해줘.' 이건 돈이 없는 사람은 사랑하는 마음을 전할 수 없단 말과 같다.

그러나 사람의 마음은 액수로 환산할 수 있는 것이 아니다. 돈의 액수는 사람의 다차원적인 마음을 표현하기엔 매우 일차원이다.

나를 알아봐주는 마음

친구 JS가 준 책 선물에 나는 거의 처음으로 '선물을 받고 감동했다'라는 뜻이 무엇인지 알았다. 책을 다 읽고 나서 알았다. 그 책은 내가 받고 싶은 바로 그 선물이었다. 우울증으로 힘겨워하던 무렵 나는 지인들의 이런저런 고압적 메시지로 인해 상당히 피로했다. 그러나 그 책은 불편한 메시지 없이 아픈 곳을 부드럽게 만져주었다. 진정한 힐링을 선사했다. 책이 준 치유와 친구에 대한 고마운 마음이 더해져 가슴이 따뜻해졌다.

마음과 마음이 통할 때, '받고 싶은 선물'과 '주고 싶은 선물'이 일치하는 법이다. 책을 받고 그토록 오랫동안 마음이 따뜻했던 것은 누군가가 나를 알아봐줬다는 고마움 때문일 것이다.

이제껏 내가 받아온 선물은 주로 패션 아이템이었다. 옷을 그렇게 좋아하면서도 감동하지 않았다. 대부분의 것은 받기 위해 누군가를 졸라야 했기 때문이다. 나를 알아봐주는 시선을 기다리는 대신, '선물'이라는 명목하에 탐욕을 채우는 데 급급했다. 생각이 여기에 미치자 오랜 기간 동안 '인생에 대한 예의'가 부족했음을 깨달았다. 나는 나의 탐욕을 내가 누구인지보다 더 중요하게 여겨왔던 것이다.

내가 '받고 싶은 선물'은 나를 알아봐주는 마음, '너와 난 통한다'는 교감이다. JS가 말 없이 마음을 표현해준 1만 3000원짜리 책 선물은 A 매거진에서 엔트리 레벨 시계로 소개한 1300만 원짜리 예거 르쿨트르 시계보다 값지게 다가왔다.

그렇다고 소비주의의 천국 백화점을 외면할 필요는 없다. 선물받을 누군가를 애정 어린 시선으로 바라본다면, 그 사람이 '받고 싶은 선물'은 어디서든 발견할 수 있을 테니까.

고가의 '스드메'는 최고의 순간을
남기지 못했다

최고의 스드메, 그러나

몇 해 전, 40대가 되었어도 철없는 남자 넷의 우정과 사랑을 담은 드라마가 방영됐다. 때로는 공감하고 때로는 깔깔거리며 봤지만 몇몇 장면은 어딘지 부자연스러웠다. 남자 A를 사랑한다는 사실을 깨달은 여자 B가 남자 A가 머물렀던 카페로 달려가 유리창에 키스하는 장면이나, A가 B에게 어린이 뮤지컬 같은 프러포즈를 할 땐 나도 모르게 숨고 싶었다. 마지막 회는 10년에 한 번씩 네 친구가 모여 해오던 우정 촬영으로 시작됐다. 그해에는 자신의 배우자 혹은 여자 친구와 함께한다는 내용이었다.

'다 같이 사진을 찍는 건 참 좋은 생각이긴 한데, 꼭 저래야 하나…….'

물론 인물들의 성향을 보여주는 장치일 수 있겠으나 턱시도와 드레스를 입고 와인잔을 든 채 카메라를 향해 웃는 네 쌍의 남녀는 너무 작위적이었다. 하지만 이 장면을 맘 편히 비난할 수 없었다. 나도 비슷한 경험이 있기 때문이었다.

10년도 더 지난 어느 날, 나는 유명 미용실에서 메이크업을 받은 후 유명 디자이너의 드레스를 입고 유명 스튜디오에서 사진을 찍었다. 당시 나로선 최고의 선택이었다. 그러나 그날의 사진에는 권해준 대로 입느라 마음에 들지 않았던 드레스, 내 장점을 살리지 못한 메이크업, 비싼 소품들로 가득했으나 휑했던 스튜디오의 싸늘함만 남아 있다. 최고의 스튜디오, 드레스, 메이크업이었는데…….

혼자가 된 내게 그 결과물은 유물 같은 과거가 되어버렸지만, 그 사실과는 별개로 내 '스드메'는 그다지 기억하고 싶지 않은 이벤트다. 당시 나는 그 순간이 내 생애 최고의 순간이라며 적지 않은 돈을 썼지만 사진을 바라보는 지금 내게 남은 건 불편한 기억뿐이다. 촬영을 도왔던 컨설턴트는 나에게 맞는 드레스와 메이크업 스타일을 추천하기보다는 자기 고객들이 얼마나 최고의 사람들이었는지 뽐내느라 바빴다. 최고의 고객들이 했던 대로 촬영 준비를 하는 것이 최고의 준비라는 암묵적 전제하에 나의 촬영은 진행됐다.

특별한 사람이 되고 싶었던 나는, 사진 속 유명인과 똑같은 드레스를 입고 똑같은 스튜디오에서 똑같은 포즈로 촬영했다. 촬영에 임하는 내내 머릿속은 이런 생각으로 가득했다.

'난 특별한 사람으로 대우받고 있어!'

그러나 남이 정해준 정답 같은 코스를 그대로 밟은 패키지 촬영으로 특별한 사람이 될 리 없었다. 난 최고의 고객들과 같은 사람이 아니었다. 그저 비싼 이벤트를 무리해서라도 한 번은 경험해보고 싶은 평범한 사람일 뿐이었다.

당시 겪은 불편함이 마음에 남았는지, 난 그날 찍은 사진 중 어느 것 하나 집에 걸어놓지 않았다. 그러나 내가 특별한 사람이 아니라는 것을 인정하고도 그때의 불편함의 실체가 정확히 무엇인지 알 수 없었다.

생애 최고의 순간

그 실체를 제대로 보게 된 건 2015년 3월 〈린다 매카트니 사진전〉에서였다. 전시회에서 만난 린다 매카트니의 사진들은 하나같이 위트 있고, 감각적이었다. 물론 린다는 당대 최고의 팝스타들을 바로 옆에서 만날 수 있었기에 사진에는 유명인 모델이 많았다. 그러나 피사체보다는 포토그래퍼의 따뜻한 시선에 더 눈길이 갔다. 린다는 자신의 직관에 의지해 최고의 순간을 포착해냈다. 그녀의 사진에는 인물의 내면이 그대로 담겨 있었다.

좋은 사진을 찍기 위해 그녀가 대단한 장치를 사용한 것은 아니다. 사람의 내면을 담기 위해 '점프'라는 다소 차가운 방법을 사용한 필립 할스먼과 달리, 린다는 카메라를 무릎 위에 올려놓은 채 격 없이 이야기를 나누다가 놓치기 싫은 순간을 발견하면 카메라를 들어 셔터를 눌렀다.

필립 할스먼 사진전에선 그의 영민함에 경탄하기 바빴지만, 린다의 사진전에선 그녀의 팬이 되어버렸다. 그녀는 조명 측정기로 인물을 긴장시키지도 않았고, 그 순간이 주는 본연의 자연스러움을 후처리로 손상시키지도 않았다. 롤링 스톤스의 앨범 표지를 촬영하던 중 포착한 지미 헨드릭스의 하품 컷은 정말 최고다.

그날의 전시회에서 나를 설레게 했던 건 린다가 폴, 그리고 아이들과 함께하는 시간을 기록한 사진이었다. 비틀스가 해체한 후, 폴과 린다는 스코틀랜드 전원에서 아이들과 함께 지냈다. 사진 속 폴 매카트니의 표정과 포즈, 그리고 그가 입었던 옷에선 팝스타를 훌훌 벗어버린 따뜻한 아빠만 보였다.

아이들과 즐겁게 노느라 손과 옷이 온통 물감으로 더러워졌는데도 행복해 죽겠다는 모습, 목욕 가운을 대충 걸친 채, 뒤통수와 옆얼굴만 겨우 나왔지만 아이들의 이야기를 다정하게 들어주는 모습, 아들 제임스와 동심으로 돌아가 신나게 목욕하는 다 자란 소년 같은 모습…….

폴은 가족의 삶을 솔직하고 담백하게 담으려고 한 린다의 시선을 그대로 받아들였고, 사진에 자신만의 세계를 담아낸 그녀를 존경했다. 그녀를 향한 폴의 사랑은 그의 솔로 앨범 〈매카트니〉와 〈매카트니 2〉의 커버 사진에서도 드러난다. 가족과 함께하는 모든 순간이 자신에게 소중하다는 앨범 제목과 사진들.

사진에서는 설정이나 허세, 걱정이나 불안이 보이지 않는다. 비틀스가 해체한 이후 홀로 내는 앨범의 성공 여부를 걱정하는 팝스타의 모습도, 놀아달라는 아이를 귀찮아하는 성가심도 찾아볼 수 없다. 그저 함께해준 가족에게 감사를 보내는 겸손한 아빠, 눈을 반짝이며 이 순간들을 찍어준 아내에게 존경을 표하는 남편만 있을 뿐이다. 린다의 따뜻한 시선과 남편 폴의 감사와 사랑에서 오는 에너지가 느껴졌다.

갤러리를 나서는데, 뭔가 기분 좋은 부조화가 느껴졌다. 정말 유명하고 부유한 가족이지만 사진 속 가족의 삶은 으리으리한 집이나 비싼 옷, 비싼 차 같은 것과는 거리가 있었다

(물론 그들은 각박한 도시에서 일할 필요가 없을 정도로 돈이 많았기 때문에 그런 사진을 찍을 수 있었다는 것은 논외로 하겠다).

내가 그날 사진전에서 본 건 '팝스타의 부유함'이 아닌 '어느 가족의 행복'이었다. 전시회장 외벽에서 뒤늦게 전시회 부제를 확인했다.

'생애 가장 따뜻한 날들의 기록.'

최고의 사진을 남기려면

한 가족의 행복을 담은 사진을 뒤로 하고 귀가하면서 문득 그동안 봐온 동네 사진관 앞 가족사진의 탄생 과정을 떠올려 보았다. 넥타이와 하얀 셔츠, 검정 양복을 빼입고 근엄한 표정을 짓는 아버지. 제일 좋은 옷을 꺼내 입고 미용실까지 다녀왔지만 왠지 부자연스러운 어머니. 그런 부모님의 드레스 코드는 애당초 관심이 없다는 듯 당시 가장 유행하는 옷을 꺼내 입은 자녀들. 그리고 그들이 모여 만들어낸 어색한 미소.

스튜디오에선 "좋습니다!"라는 빈말로 촬영을 마무리하고, 사진 속 인물의 귀를 떼었다 붙였다 이리저리 후처리해서 순간의 어색함이 영원이 되도록 작업한다. 어색함과 가식의 합성물은 액자에 담기거나 지갑용으로 축소되어 누군가의 가족

사진이 된다.

'최고의 사진을 남기기 위해 필요한 건 무엇일까?'

린다 매카트니 사진전을 관람하기 전까지 난 이 질문을 제대로 던져본 적이 없었다. 나는 촬영의 순간마다(그리고 그 결과물을 확인하던 순간마다) 내가 얼마나 좋은 옷을 입고 있으며, 얼마나 탱탱한 피부에, 얼마나 날씬한 모습인가에만 관심을 가졌다. 그랬던 내게 린다가 전한 메시지는 이것이었다.

'사진으로 남겨야 할 것은 소중한 사람들과의 편안하고 행복한 소통이다.'

사진 속의 폴 매카트니는 화려한 옷과 비싼 신발을 걸치지 않았다. 가장 인상적인 옷은 물감 묻은 코듀로이 팬츠였다. 겉보기엔 그저 꼬질꼬질한 옷이지만, 아이들과 함께하는 아빠의 행복을 고스란히 표현한 옷이었다.

린다는 좋은 사진에 대한 생각을 완전히 흔들어놓았다. 사진을 외양의 것이라고만 알고 있던 난 내면의 그 무엇이 담겨야 좋은 사진이 될 수 있다는 것을 깨달았다.

최고의 사진을 남기기 위해 필요한 건 멋진 장소, 비싼 옷, 전문가의 손길을 거친 헤어와 메이크업이 아니다. 소중한 사람들과 진정한 소통을 나누겠다는 열린 마음, 그 모든 순간이 소중하다는 삶에 대한 겸허함이 먼저 필요하다.

내 스드메에서 빠져 있던 건 편안하고 행복한 소통이었다.

우리 우정에
명품 백은 필요하지 않다

시작은 소통의 결핍이었다

1991년 4월 27일, 내가 전학을 가던 그날은 토요일이었다. 나는 S와 마지막 인사를 나누었다. 헤어짐을 아쉬워하던 S는 미사에 늦으면 아버지께 야단맞는다며 성당으로 향했다. 얼마 후, 터벅터벅 걸어가는 나를 누군가가 뒤에서 와락 끌어안았다. S였다. 조금 전까지 웃는 얼굴이었던 S는 나를 돌려세우곤 한참 동안 엉엉 울었다. S는 한용운 시인의 〈초혼〉을 옮겨 쓴 편지를 내 손에 쥐어주었다.

S와 내가 절친이 된 계기를 소개하면 이렇다. S는 중학교

때 같은 반 친구다. 중학교 1학년 때 처음이자 마지막으로 반
에서 1등을 하자 갑자기 나는 친구들의 관심을 받게 됐다. 나
는 별로 변한 게 없는데, 아이들은 내가 변했다며 수군거렸다.
그때 S는 내게 와서 말해줬다.

"애들이 너가 변했다고 하지만, 나는 네가 변했다고 생각
하지 않아. 그래도 지금 이 상황이 애들이 오해할 만한 건
맞아."

고마웠다. 말은 하지 않았지만, 난 진심으로 나를 걱정해주
는 친구가 한 명 생긴 것 같아 정말 좋았다.

나의 전학을 계기로 우린 편지를 주고받기 시작했다. 지금
은 그런 우리가 풋풋했다며 웃는다. 편지는, 오랜 시간 동안
몇 번이나 끊어질 뻔했던 나와 S 사이를 잇는 끈끈한 연결고
리가 되어주었다.

나의 편지 쓰기는 고등학교 때도 계속됐다. 대체 누구에게
그렇게 편지를 썼는지 잘 기억나진 않는다. 학교 축제 때 만
나 잠깐 사귀었던 남자 친구였는지, 사랑과 우정 사이였던 교
회 친구였는지, 내가 좋아한 가수였는지, S였는지, 풀어야 할
오해가 있었던 학교 친구였는지. 누구에게 쓴 것이었든 나는
편지에서 내 속을 다 꺼내 보였다. 글이라는 것에 생각과 감
정을 담고, 누군가가 읽는다는 사실에서 살아 있음을 느꼈다.
왜 그렇게까지 속을 다 드러내 보이고 싶었던 건지 가끔 궁금

했지만, 깊이 생각해본 적은 없다.

그러다 몇 년 전, 우연히 서점 신간 코너에서 읽게 된 책 《나는 생각이 너무 많아》를 통해 이유를 알게 되었다. 나의 예민함과 감수성, 지적 호기심이 주위 사람들이 이해하기에는 얼마나 어렵고 특이한 것인지. 하지만 늘 불편하기만 했던 내 특이함이 최고의 자산이 될 수도 있다는 저자의 말에 큰 용기를 얻었다. 이 책을 읽고 살아가면서 더 생각이 많은 사람이 될 수밖에 없었던 이유를 깨달았다. 생각이 많은 나를 제대로 이해하는 타인을 만나는 게 지극히 힘들었고, 그래서 자주 외톨이인 채 속으로만 생각하게 되었다. 결국 본의 아니게 말수가 적은 관찰자이자 사색가가 되어갔다.

나같이 예민한 사람은 대부분 부모에게도 이해는커녕 따뜻한 공감의 말 한마디 듣기가 어렵다. 본인조차 어쩔 수 없는 예민함 때문에 공감에 굶주려 자존감이 낮다. 그래서 '소통'의 욕구가 다른 사람보다 몇 배는 더 강하다. 난 말 몇 마디로는 내 속의 나를 다 표현하지 못할 만큼 생각이 과한, 부모도 감당하기 힘든 아이였다. 그래서 어쩌다 마음을 나눌 친구가 생기면, 말 몇 마디보다 훨씬 더 많은 이야기를 풀어놓을 수 있는 편지를 써왔던 것이다.

내가 어떤 모습이든 아름답다고 표현해주는 사람

S가 미국에 유학을 가 있던 2004년, 나는 J를 만났다. J는 내가 모 학교에서 기간제 교사로 일했을 때의 동료다. 우리는 또래인데다 시트콤 같은 웃긴 상황을 몇 번이나 겪으며 친해졌고, 종종 내 차로 함께 퇴근했다. 차에서 내 애길 듣던 그녀는 항상 이렇게 말했다.

"나는 최유리가 말할 때 눈동자를 굴리는 표정이 너무 좋아. 머리 돌아가는 소리가 들리는 것 같거든."

유학 중 비자 문제로 잠깐 귀국했던 S는, 내가 새로운 친구가 생겼다며 눈을 반짝이는 모습이 인상적이었다고, 내가 남자 친구도 아닌 새로운 여자 친구가 생겼다며 설레는 표정을 지은 건 처음이라고 했다.

J가 영국에서 유학을 마치고 돌아와 우리가 다시 만났을 때 난 우울증으로 논문도 중단한 채 힘든 시기를 보내고 있었다. 그 소식에 J는 가족들보다 속상해했다. J는 내 머릿속을 사랑한 몇 안되는 사람 중 하나였다. 그녀는 내 우울증에 최적의 처방을 내려주었다.

"제발 그냥 자기 머릿속을 글로 표현해. 책을 써봐, 책을! 최유리 머릿속엔 재밌는 게 너무 많아. 나 혼자 듣기엔 너무 아까워."

그녀는 내게 표현하고자 하는 강한 욕구가 있음을 나보다 더 잘 알고 있었다. 하루는 J가 잠깐 짬이 나니 자길 만나러 와 달라고 했다.

"나 아직 머리를 못 감아서 엄청 상태 안 좋은데, 그래도 괜찮아?"

내 질문에 돌아온 그녀의 대답.

"어떤 모습이어도 아름다워!"

서로에게 도움이 되는 관계

2015년 2월 S의 생일. 원래 우리는 서로의 생일을 잘 챙기지 않았다. 난 S에게 연락해서 시간을 잡으라고 협박했다. 그리고 S의 유학 시절 절친인 JS에게도 연락했다. 그렇게 나, S, JS 이렇게 셋이 모이는 자리를 만드는 것. 그것이 내가 제일 먼저 생각한 선물이었다. S는 회사 일이 너무 바빠서 겨우 문자를 보내왔다.

"아마 목요일쯤 시간 날 거야. 만약 내가 그때까지 살아 있으면!"

"그래? 그럼 목숨 걸고 목요일에 나와!"

내가 준비한 두 번째 선물은 마치 린다 매카트니라도 된 양

셋이 모인 그 시간을 사진으로 기록하는 것이었다. 카메라와 삼각대를 준비해서 약속 장소로 향했다.

S의 생일을 몇 주 앞두었을 때 나는 1999년 베개 옆에 두고 매일 밤 읽던《그림 읽어주는 여자》를 중고 서점을 뒤져 다시 구입했다. 그리고 그것을 S에게 자랑했다. S에게 돌아온 답은 "그래? 그런 책이 있어?"가 아니었다. 그녀의 답은 의외로 숙연했다. "아버지 유품 중에 있던 책인데. 보고 싶네."

그녀의 생일. 나는 손으로 쓴 카드와 함께《그림 읽어주는 여자》를 건넸다. JS가 강남 한복판의 교통 체증을 뚫고 오는 사이, 내가 건넨 카드와《그림 읽어주는 여자》를 넘겨보는 S는 마냥 행복한 표정이었다. 나는 S가 환하게 웃는 순간을 카메라에 담았다. JS가 도착하고 마침내 셋이 된 우리. 아무도 드레스업하지 않았고 특별한 이야기를 나누지도 않았다. 그저 S가 회사에서 겪었던 배꼽 빠질 에피소드, JS가 회사에서 겪은 20대와의 세대차 이야기, 그리고 내 글 쓰기 얘기를 나눴을 뿐이다. 마지막으로 S의 집으로 간 우리는 자정을 넘겨 진짜 생일을 맞은 그녀를 위해 케이크에 불을 켰다. 한번에 많은 초를 끈 S가 한 말. "이 엄청난 폐활량, 어쩔 거야?"

그로부터 일주일 후, 예쁜 앨범에 즐거웠던 그날의 사진을 담아 S에게 줬다. 앞으로 생일 때마다 사진을 찍어 앨범의 나머지를 채워 넣자는 메모와 함께.

앨범을 받고 미소를 감추지 못하던 S는 우리 셋이 모였던 그날 밤 너무 행복해서 자꾸만 웃음이 나와 잠을 이룰 수 없었다는 말을 했다. 내가 그날 줬던 생일 카드엔 이런 문장이 있었다.

> S야, 너의 냉정한 면이 여리기만 한 내게 꼭 필요했던 것 같아. 그래서 우리가 몇 번의 위기에도 서로 친구로 남아 있었던 게 아닐까. 너랑 친구라는 게 너무 감사하다. 사랑해.

이제 더 이상 지인들의 옷과 명품 백을 대화의 소재로 쓰지 않는다

J는 바쁘다. 학원을 운영하는 그녀는 자신에게 음식을 씹어 먹을 시간을 내주기도 힘들 정도로 연속 수업에, 강사들과의 회의에, 학부모 면담에, 각종 집필에 늘 쫓겨 산다. 그러나 잠시 짬이라도 나면 그녀는 나에게 전화를 건다. S도 바쁘다. 툭하면 입안이 온통 부르트고 갑자기 체중이 줄어들 정도로. 평소 내가 안부를 묻기 전에는 거의 연락이 없다. 그러나 그녀는 내가 아플 때 반찬를 써서 달려와줄 정도로 피 같은 시간을 내준다. 예나 지금이나 나의 머릿속을 즐거워하는 J, 몽상

가인 내게 현실을 일깨워주는 S.

난 카페에 앉아서 우리가 수다를 나누는 시간이 너무도 소중하다. 언젠가부터 옷 얘기, 화장품 얘기, 남의 결혼 얘기, 자기 자녀와 남의 자녀 진학 얘기, 연봉 얘기, 남의 험담은 하지 않는다. 대신 우리는 행복을 이야기한다. 어떻게 하면 우리가 행복할까? 어떻게 하면 우리가 내면의 평정심을 지킬 수 있을까? 아마도 우리가 언젠가부터 이야기하지 않는 것들은 이런 것들이 우리의 행복과 무관함을 절로 터득해서인지도 모르겠다. 카페에서 나누는 우리의 이야기를 떠올리며 나는 이런 생각을 한다.

'우리의 수다는 우리가 주고받은 편지 속 이야기 같다.'

어릴 때 친구들과 주고받던 편지에서 내 꿈이 뭔지, 그것을 이루려면 무엇을 해야 할 것인지, 어떻게 하면 행복할 수 있을지 풀어놓았다. 물론 우리도 20대 때에는 옷 얘기, 가방 얘기, 옷 못 입는 다른 사람 흉보기, 남자 얘기 같은 수다를 떨었다. 그러나 언젠가부터 우리는 마음속 근심과 욕심을 배설하기보다 함께 행복을 채운다.

나는 우정이라는 이름으로 나누는 소통이 편지에 담겨도 부끄럽지 않기를 바란다. 우리는 편지지가 명품인지 어떤 볼펜으로 쓰였는지 신경 쓰지 않는다. 편지를 받는 사람의 가슴을 울리는 건 쓴 사람의 진심이다.

꽤 오래전에 연말 모임에 참석했다. 그날 밤 집으로 돌아오는 길에 이상한 쓸쓸함을 느꼈다. 참석한 여성들은 약속이나 한 듯 샤넬 클래식백 혹은 빈티지 2.55 백을 들고 있었고, 롤렉스 혹은 까르띠에 시계를 차고 있었다. 단지 그들이 명품을 나보다 먼저 가졌을 뿐이라고 스스로 위로했지만, 진 것 같은 기분을 떨칠 순 없었다. 그로부터 2년 후 나는 샤넬 클래식백을 메고 그 모임에 참석했다. 어깨는 펼 수 있었지만, 그곳에서 나눈 대화는 기억나지 않는다.

인생이란 마라톤이 누군가가 정해놓은 목적지를 향해 누가 더 일찍 도착하느냐 하는 경쟁은 아니다. 인생이란 마라톤은 각자 정한 목적지를 향해 각자의 속도로 달려가는, 자신만의 레이스에 가깝다.

내가 누군가를 이기기 위해 쇼핑하던 무렵엔 인생이란 마라톤이 이기고 지는 것이 중요한 경쟁인줄 알았다. 그러나 내가 지지 않으려고 애썼던 사람들은 경쟁자가 아니라 나와 다른 목적지로 가버린 사람들에 불과했다. 우정에서 명품 백과 구두, 번쩍이는 로고가 박힌 화장품은 중요하지 않다. 함께 나눈 소통에서 가장 중요한 건 진심뿐이다.

연습장에 모나미 볼펜으로 쓴 편지라도 진심이 담겨 있다면 전혀 문제될 게 없다. 내 진심을 아는 친구들은 "어떤 모습이어도 아름다워!"라며 나를 반겨줄 테니까.

앞으로 50년 동안 '행복'이라는 목적지를 향해 달려갈 내
곁에는 동료 마라토너 같은 친구들이 있다. 우리 우정에 거추
장스러운 명품 백은 필요하지 않다.

그렇게 나를 만났다

하이엔드 브랜드의 명품 전략

가끔 주부들을 대상으로 한 잡지를 넘기다 보면 중저가 브랜드 광고를 만난다. 가끔 '최고급'이라는 텍스트로 장식된 지면을 접할 때면 머릿속에 이런 말풍선이 뜬다.

'이 브랜드가 최고급은 아닌데. 진짜 최고급이라면 최고급이란 말이 필요 없지.'

우리가 '최고급'이라고 아는 디자이너 브랜드, 소위 명품 브랜드의 지면 광고에선 '럭셔리 luxury', '하이엔드 high end' 같은 직접적인 표현을 찾아보기 어렵다. 대신 브랜드 고유의 정체성, 디자이너의 감각, 원단의 희소성, 장인들의 수작업 같은 과정을 부각시킨다.

이들 브랜드는 언어로 '최고급'을 표현하지 않는다. 대신 비언어적 표현 방식인 사진을 활용해 '최고급', '럭셔리'를 단번에 알아챌 수 있게 한다. 조너선 크레리의 말처럼 "사진은 보는 이의 욕망을 일으키는 권력의 도구"임을 너무도 잘 아는 것이다.

럭셔리 브랜드의 지면 광고에는 공통점이 있다. 비현실적 공간에서 모델이 해당 브랜드의 상품을 걸친 채 왠지 모를 고급스러운 분위기를 만들어낸다. 보는 사람은 사진에서 풍기는 '거리감'에서 '나도 저 속에 있는 인물처럼 되고 싶다'는 매혹을 느낀다. 그리고 곧 사진 속 인물에 자신을 대입시켜보곤 '그럼 나도 저것을 가져야겠네' 하는 소유의 욕망을 품게 된다. 발터 벤야민은 "거리가 주는 독특한 현상"을 '아우라'라고 불렀다. 범접할 수 없는 인물이 우리가 도달할 수 없을 것 같은 환상의 공간 속에서 물건을 걸치고 있는 모습이 '아우라'를 유발하는 것이다.

그런데 럭셔리 브랜드가 사진을 활용하는 전략과 상반되게 벤야민은 사진이라는 미디어가 사진 속 대상이 주는 거리감을 없앰으로써 아우라를 손상시킨다고 비판했다. 결국 럭셔리 브랜드는 벤야민이 말한 어떤 대상의 '아우라'와 사진이 주는 거리감 파괴, 그리고 크레리가 말한 사진이 주는 매혹

사이의 적정 지점을 광고에서 영리하게 활용하는 셈이다. 사진을 보고 '아, 뭔가 고급스럽다'라는 아우라를 느낀 후에는, 사진 자체가 주는 아우라 파괴의 기능으로 '저것이 저 사람만의 것이 아니라 내 것도 될 수 있지 않을까?' 하는 다소 만만한 마음이 들고, 결국 '가져야겠어!'라는 욕망까지 이어지니 말이다.

샤넬백은 정신의 결핍을 잠시 망각하게 해줄 뿐

"상류층보다 보통 사람들이 명품을 더 많이 소비한다. 그들은 내 것이 아닌 귀족적 이미지를 자기 것으로 만들기 위해 명품을 소유하고 싶어 한다."

《럭셔리 신드롬》의 저자 제임스 트위첼이 명품 소비에 대해 제시한 해석이다. 비록 현실은 그렇지 않더라도 귀족이 되어본 듯한 기분을 맛보기 위해 명품을 소비한다는 해석은 사진과 '아우라'의 관계를 효과적으로 설명해준다.

트위첼은 사치품을 소비하는 사람들의 선택을 비합리적 행위라고 본 베블런을 신랄하게 비판했다. 트위첼에 따르면, 사람은 본능적으로 소비를 사랑하며 소비에서 벗어날 수 없다. 뿐만 아니라, 베블런이 말하듯 소비자들은 멍청하지 않으며, 물건이 내포하는 어떤 이미지를 소비하고자 하는 나름의 합리성에 근거해 소비 행위를 결정한다.

> "정신적 가치를 물려받지 못한 이 세계에서는 겉만 번지르르한 물건을 비싸게 사서 쓰는 것이 아무것도 소비하지 않는 것보다 낫다."

트위첼은 모든 사람이 고귀한 사람이 되기를 원한다고 말했다. 그 결과, 상당수의 사람이 자신이 고귀한 사람이 될 수 없다는 비참함을 인정하지 않기 위해 물건을 소비하는 행복(?)을 선택한다고 지적했다.

나도 그런 사람 중 하나였다. 단골 인터넷 쇼핑몰 사장이 사진 속에서 메고 있던 샤넬백이 내 것이 되면 나도 그녀처럼 화려한 삶을 누리는 사람이 될 것만 같았고, 삶이 달라질 것 같았다. 샤넬백이 마법을 불러올 것 같았다. 물론 샤넬백은 비싼 레스토랑에 갈 때 현실에서 잠시 벗어나도록 나를 위장(?)시켜주기는 했다.

그러나 내게 귀족이 된 것 같은 기분을 맛보게 해주었던 샤넬백은 내 '정신'의 결핍을 잠시 망각하게 해주었을 뿐, 처음부터 결여된 '정신적 가치'를 채워주지는 못했다.

'멋있다' vs. '멋냈다'

명품을 장인의 손길이 닿은 마스터피스라고 한다면, 신의 정신을 받은 마스터피스 같은 사람을 우린 '명품'이라 부른다. 대학 시절 만난 교수님 S가 그런 사람 중 한 명이다. 지금은 퇴임했지만, 여전히 집필 활동을 하는 저자이며, 시민운동의 정신적 지도자이기도 하다.

내가 대학교 1학년 때 그분은 이미 유명인이었다. 나는 S 교수님의 철학 수업을 3학년 2학기 전공 필수로 들어야 했다. 수업 전 나는 걱정이 앞섰다. 수업이 난해하지 않을까? 외부 활동 때문에 휴강이 잦지는 않을까? 지나치게 깐깐한 분은 아닐까?

그러나 그건 모두 기우였다. 내가 S 교수님께 배울 수 있었던 건 행운이었다. 주교재가 난해한 것과 달리 강의는 깊이 있으면서도 쉽고 재밌었다. 휴강이 거의 없었지만 어쩌다 휴강하면 반드시 보강할 정도로 수업은 성실히 진행됐으며, 날씨가 너무 좋다는 우리의 이야기에 자판기 커피를 뽑아 돌리며 잔디밭 야외 수업을 하기도 했다. 낯선 이론을 경상도 억양 섞인 명쾌한 구어체로 소개할 때 곱슬머리 백발에서 잔잔히 퍼지는 미소는 작은 체구와 어우러져 소년 같아 보였다.

이후 내가 대학원에 진학하고 교수님을 가까이 봬면서 내가 생각하는 것 이상으로 검소한 분이라는 사실을 알게 됐다. 교수님은 늘 몇 벌 안되는 옷을 돌려가며 입고, 대중교통을 이용했으며, 연구실엔 에어컨조차 들이지 않았다.

교수님이 벨루티 구두와 제냐 수트 차림에 롤렉스 시계를 차고 메르세데스 벤츠를 타고 다녔다면 어땠을까? 잠시 모습을 그려보니 재미있기는 하지만, 그건 그분의 정체성과는 거리가 먼 모습이다. 만약 S 교수님의 몇 안되는 양복을 내가 전혀 존경할 수 없는 사람이 입었다면 그 옷은 어떻게 보였을까? 아마 그냥 꾀죄죄해 보였을 것이다.

내가 S 교수님의 옷차림을 '궁색함'이 아닌 '검소함'으로 본 것은 그분의 철학이 그분 자체였기 때문이다. 낡은 양복은 그분의 인품과 어우러져 '멋있다'는 찬사의 대상이 되었다.

반면 인격적으로 전혀 존경할 수 없는 사람이 럭셔리 아이템을 걸친다면 어떨까? 명품 옷을 걸친 사람들의 '갑질'로 신문의 사회면이 떠들썩해질 때마다 늘 비슷한 생각을 한다. 올곧은 정신을 갖지 못한 사람이 내면의 경박함을 드러내 보이는 순간, 명품 옷은 그 사람의 경박함을 부각시켜주는 가장 효과적인 장치가 되어버린다. 결국 명품 옷은 '멋냈네' 하는 비웃음의 대상이 된다.

샤넬백은 내 존재에 도움이 되지 않았다

몇 년 전 C 교수님의 모친상 소식을 접하고 문상객 룩으로 블랙 드레스와 샤넬백을 선택했다. C 교수님과 인사를 나눈 후, 이미 모여서 이야기를 나누던 후배들과 자리를 함께하게 되었다. 그런데 그날따라 후배들은 내게 말을 걸지 않았다. 집으로 돌아오면서 내내 그 어색한 분위기가 신경 쓰였다.

내가 가장 신경 쓰인 것은 후배들의 시선이 스치던 샤넬백이었다. 나는 '얘기 나누고 싶은 선배'가 아니라 '다가가기 어려운 사람'이 되어 있었다. 내가 말이 많은 편은 아니지만 누군가가 나를 어려워하기를 원해본 적은 없다. 그러나 그날 나의 샤넬백은 내가 원하지 않는 범주의 거리감을 발생시켜 나를 고립시켰다.

나는 늘 특별한 사람이 되기를 갈망했다. 그러나 난 특별함이 뭔지도 모른 채 특별함을 비싼 물건을 소유하는 것으로 단정지어버렸다. 추구해온 나만의 가치가 무엇인지 몰랐고, 내 정체성이 무엇인지 몰랐다.

나는 그날 처음 깨달았다. 내가 자랑스러워하던 샤넬백은 내 존재에 방해만 되는 거추장스러운 물건이라는 것을. 샤넬백을 소유한다고 해서 특별한 존재가 되는 게 아니었다. 확실한 브랜드 정체성과 퀄리티 모두를 갖춘 진짜 명품은 결코 명시적 언어로 '최고급'임을 표현하지 않는다. 진짜 맛집은 '맛있다'는 언어적 표현을 고객에게 양보하듯, 하이엔드 브랜드는 '최고급'이라는 언어적 표현을 소비자에게 양보한다.

'정체성'과 인품이 결여된 사람들이 명품을 걸치는 행위는 '최고급'임을 언어라는 촌스러운 방식으로 광고하는 중저가 브랜드의 외침과 비슷하다.

어떻게 살겠다는 나만의 가치도 모른 채 '정신'이 결여되어 있던 그때, 어깨의 샤넬백은 '나를 명품으로 봐달라'는 공허한 울림에 지나지 않았다. 난 샤넬백으로 멋낸 것에 불과했다.

굿바이, 샤넬백!

"어차피 정신적 가치를 물려받지 못한 이 세계에서 스스로 그 가치를 찾는 건 어려운 일이기에, 비싼 물건 갖기라는 차선을 택하는 것도 나쁘지 않다"는 트위첼의 변론은 그럴싸해 보인다. 나 역시 그랬다. 그러나 쇼핑 중독 끝에 만난 우울증으로 인해 확실히 배웠다. 정신적 가치를 찾는 것이 어렵다는 이유로 그것을 미루어두기만 하면 계속 비싼 물건을 사들여도 공허함에서 벗어날 수 없다는 것을.

끝없이 나락으로 떨어지던 난 살고 싶었다. 누구에게서도 받지 못한 정신적 가치를 찾기 위해 발버둥 쳤다. '나는 어떤 가치를 추구하는 사람인가?' 한 번도 경험해보지 않았던 정체성 찾기 과정은 힘겨웠다. 1년간 매일 울며 생각하고 또 생각했다. 머리가 터질 것 같았다. 그러나 멈출 수 없었다. 어렵다는 이유로 멈추면 생각 없이 흘려보낸 20대와 30대 때처럼 평생 살아야 할 것 같았다. 난 진심으로 행복하고 싶었다.

있는 그대로의 자신이어도 부끄럽지 않다는 오드리 헵번의 사진은 내게 큰 용기를 주었다. 나는 블로그에 글을 쓰기 시작했다. 지난날을 돌아보며, 머릿속에 떠돌던 혼자만의 생각들을 붙잡고 꺼냈다.

글이 차곡차곡 쌓일수록 내 세계는 점점 더 뚜렷해졌다. 그러자 그 세계의 주인이 누구인지 보이기 시작했다. 선한 영향력으로 세상이 아름다워지는 데 보탬이 되고 싶은, 예민한 보헤미안 여자. '조용한 말괄량이'. 그렇게 나를 만났다.

논문을 포기하지 못해 한동안 주저했지만 나를 만나자, 용기가 생겼다.

'뭐 어때? 조용한 말괄량이로 살겠다는데!'

믿기 힘든 일이 벌어졌다. 혼자만의 것이었던 내 세계가 구독자들 덕분에 소통의 대상이 되어갔다. 가족과 친구들도 이해하지 못하던 내 세계를 즐거워하는 사람들. 있는 그대로의 나와 얘기 나누길 원하는 사람들. 처음으로 살아 있는 것 같았다.

잠시 다른 세상을 엿보게 해준 샤넬백은 이제 더 이상 필요하지 않다. 난 이제 누군가의 사진 속 샤넬백을 동경하지 않는다.

진짜 '멋있다'는 샤넬백으로 완성되는 게 아니었다. 이제 난 건강한 자존감과 진실한 소통에서 진짜 멋있는 삶을 꿈꾼다.

굿바이, 샤넬백!

(Check list)

샤넬백 말고 진짜 내 가방 찾기

샤넬백을 팔아버리고 나서 나만의 가방을 사는 데 나섰다. 몇 백만 원짜리 잇백을 사본들 몇 년이 지나면 수명이 다해서 그 가방을 드는 순간 '트렌드에 뒤처진 사람'이 되어버려 더 이상 들지 못하게 된다. 그러나 나만의 가방을 사면 몇 년이 지나도 자기 가방을 오래 든 사람이 된다. 백을 사기 전에 꼭 체크해보아야 할 리스트를 소개하겠다.

1. 나의 라이프 스타일이나 생활 습관을 반영하는가?

내게 필요한 가방은 딱 두 종류다. 책과 서류, 노트북 컴퓨터를 갖고 다닐 때 필요한 가방, 고객들과 쇼핑할 때 사용할 소지품만 들어가는 가방. 클럽이나 파티에 참석할 일은 거의 없기 때문에 클러치 같은 건 필요하지 않다. 따라서 A4 사이즈의 종이가 너끈히 들어가는 사각 가방과 A4 반 정도 크기의 크로스백만 있으면 된다. 현재 내 가방들은 딱 그 두 범주로 구성되어 있다. 큰 가방들은 행거의 S자 고리에 줄줄이 달려 있고, 크로스백들은 더스트백에 담긴 채 선반에 나란히 들어가 있다.

2. 좋아하는 소재인가?

난 형태가 잡히는 딱딱한 소재를 좋아하지 않는다. 스웨이드나 캔버스처럼 형태가 자유롭게 변하는 가방을 좋아한다. 샤넬백은 형태가 너무 정형화되어 있어 물건이 많이 들어가지 않아 불편했다.

내가 매일 애용하는 바네사브루노 백은 대부분 캔버스나 부드러운 가죽 재질로 만들어져 다양하게 모양이 변하는 게 매력적이다.

3. 이동 수단을 고려했을 때 감당할 수 있는 무게인가?

대중교통을 이용한다면 무거운 가방은 절대적으로 말리고 싶다. 가방은 첫째도 둘째도 가벼워야 한다. 롱샴과 레스포색 그리고 키플링백이 괜히 인기 있는 게 아니다. 가벼운 소재의 가방을 찾아보자.

4. 좋아하는 디테일을 포함하나?

나는 옷에서 디테일을 빼는 대신 가방에서 디테일을 더한다. 가방에 좋아하는 디테일이 포함되어 있으면 매일 옷을 바꿔 입어도 좋아하는 디테일을 항상 즐길 수 있다. 바네사브루노 카바스의 스팽글은 기본 블레이저와 스키니진, 화이트 티셔츠로 '조용함'을 표현한 내가 '말괄량이'를 더할 수 있도록 돕는 훌륭한 장치다.

마르셀의 스리웨이 백 역시 가방 끈을 세 가지로 바꿀 수 있어 디테일과 재미 두 가지를 모두 잡았다.

5. 좋아하는 형태인가?

선호하는 형태에 대한 파악은 확실할수록 좋다. 그래야 잇백의 유혹으로부터 자신의 옷장을 지켜낼 수 있다. 버켓백이나 둥근 모양 백에 시큰둥하더라도 만수르 가브리엘의 버켓백이나 아페쎄 하프문백이 유행하면 갖고 싶다는 유혹에 빠질 수 있다. 그러니 자신이 선호하는 가방의 형태가 무엇인지 고민해보시길.

6. 좋아하는 색상인가?

보수적인 한국 사회에서 컬러 테라피를 누리고 싶다면 가방에 주목해보길 권한다. 옷장 속 연보라 원피스는 과한 듯해서 못 입고 있다면, 그레이 드레스에 연보라 가방을 드는 선택을 해보라. 원피스라는 아이템으로 연보라색을 선택하면 점점 방치하게 되는 경우가 대다수다. 원피스가 연보라색과 유사한 무드를 표현하는 데다 면적이 넓어서 빚어지는 문제다. 연그레이나 아이보리 같은 아이템으로 옷장을 구성하고, 가방에서 좋아하는 색상을 표현해보자.

7. 본질적 기능에 충실한가?

착용한 채 물건을 꺼낼 때 매우 불편한 가방들이 있다. 가방은 단순히 시각적 아름다움을 표현하기 위한 것이 아니라 물건을 담아서 휴대한다는 본질적 기능에 충실해야 한다. 지퍼를 양 끝까지 내려야 열린다거나, 탁자에 내려놓아야 물건을 꺼낼 수 있다면 절대 추천하지 않는다.

8. 착용 시 불편하지 않은가?

이것은 심리적 불편함과 물리적 불편함 모두를 포괄하는 질문이다. 나는 꽤 오랫동안 생로랑의 삭드주르와 베티백을 선망하다가 둘 다 매장에서 들어보고 너무 불편해서 깨끗이 마음을 비웠다. 삭드주르 는 소재가 너무 딱딱하고 무거워서 불편했고, 베티백은 여름용 원피 스를 입고 착용했더니 차가운 체인 스트랩이 살을 파고들어 내려놓 았다. 그 후로 크로스백을 선택할 때 체인 스트랩은 꼭 피한다.

9. 로고가 꽉 차 있는 가방은 아닌가?

로고 가득한 가방은 스타일링에 상당한 방해가 된다. 프린트가 들어 가 매우 산만하기 때문이다. 옷도, 가방도, 신발도 단색일 때 심심하 기보다는 오히려 멋스러워 보인다. 디테일은 토털룩에서 딱 한 곳 정도에만 들어가는 게 좋다.

10. 궁금증을 자아내는 가방인가?

에스더 에크메의 빨강 크로스 보디백을 메고 교토 여행을 갔을 때 패션에 관심 많은 일행 모두가 내 가방에 눈독을 들였다. 가격이 읽 혀 타인에게 부담을 주는 것보다는 가격이 읽히지 않고 유명하지 않 아 사람들의 궁금증을 사는 것이 더 매력적인 가방이 아닐까? 대화 를 나누다 보면 그 가방으로 표현하려는 자신의 세계를 보여줄 수도 있으니 얼마나 좋은가.

이런 옷은 사지 마세요!

어떤 옷을 사야 하는가는 늘 어려운 문제이다. 그러나 어떤 옷을 사지 말아야 하는지 알면 옷 사기가 한결 수월해진다.

"이런 옷은 제발 사지 마세요!"

1. 질이 형편없는 옷

2. 디테일이 많은 옷

3. 레이어드되어 박음질된 옷

4. 너무 배색이 잘된 옷

5. 튀는 상의

6. 스타일링이 필요 없고 할 수도 없는 옷

7. 사이즈가 맞지 않는 옷

8. 길이 수선이 불가능한 옷

9. 소매가 너무 독특한 옷

10. 동일한 디테일이 반복되는 옷

11. 색상, 실루엣, 소재가 동일한 분위기를 표현하는 옷

12. 튀는 색상이 넓은 면적을 차지하는 옷

13. 주로 입는 하의와 동일한 핏 혹은 실루엣의 아우터

14. 디자이너 브랜드의 카피 제품

15. 싫어하거나 불편해하는 소재의 옷

16. 인터넷 커뮤니티에서 인기 있는 옷

17. 나의 라이프 스타일과 동떨어진 옷(가짜 자아를 반영하는 옷)

18. 브랜드 정체성이 너무 두드러지는 옷

1. 질이 형편없는 옷

영혼 없이 산 싸구려 옷은 영혼 없이 입다 언젠가부터 방치하게 된다. 옷장에 이런 옷이 자리를 차지하기 시작하면, 내가 좋아하는 옷을 발견할 수 없어 못 입고 계절이 지나가버리기 쉽다. 보풀 있는 티셔츠, 냄새 나는 스웨터, 구겨지고 색 바랜 셔츠는 이제 버리자.

2. 디테일이 많은 옷

해골 무늬 스터드가 박힌 밀리터리 재킷을 사면, 그 옷을 입을 수 있는 TPO는 제한되게 마련. 아무런 디테일이 없는 밀리터리 재킷을 산 후, 해골 팔찌와 스터드 박힌 가방을 들면 토털룩이 절대 무난할 리 없다. 디테일을 더하는 건 쉽지만, 디테일을 빼는 건 어렵다. 오래오래 두루두루 입으려면 옷에 디테일이 없을수록 좋다.

3. 레이어드되어 박음질된 옷

많은 사람이 스타일링을 어려워하다 보니 파는 입장에선 셔츠와 스웨터를 겹쳐 입은 듯한 옷을 종종 만들게 된다. 사람들은 그런 옷이 멋지다며 산다. 사실 그 옷이 멋지다기보다는 셔츠와 스웨터를 겹쳐놓으면 멋진 배색이 발생하는 경우가 많고, 사는 입장에선 배색의 수고로움을 거치지 않아도 되니 매력적이다.

그런데 이런 옷은 두 가지 문제를 유발한다. 첫째 낮은 활용성. 스웨터를 원피스에 겹쳐 입고 싶을 때 스웨터 햄 라인에 삐죽 나온 셔츠 끝자락을 잘라내고 싶어질지도 모른다. 둘째, 세탁의 불편함. 서로 다른 소재가 섞여 있어 드라이클리닝을 해야 할지 손빨래를 해야 할지 고민하다 보면 언젠가부터 세탁하지 않아 안 입는 옷이 되어버린다. 박음질된 옷을 사기보다는 그런 옷의 배색이나 소재를 눈여겨보고 옷장을 열어 단품으로 유사하게 스타일링해보길 권한다.

4. 너무 배색이 잘된 옷

예를 들면 프린트 원피스다. 프린트 원피스 역시 스타일링의 어려움 때문에 많은 사람의 선택을 받지만, 우린 알고 있다. 이런 원피스는 다섯 번 이상 입으면 너무 잘 기억되어버린다는 것을. 그러면 또 다른 프린트 원피스를 사는 패턴이 반복된다. 결국 이런 원피스를 여러 벌 사놓고 방치하게 된다. 배색이 너무 잘된 옷을 사기보다는 좋아하는 배색을 정하고 여러 옷으로 좋아하는 배색을 완성해서 입는 것을 추천한다.

5. 튀는 상의

주목받는 것이 목적이라면 튀는 상의만한 게 없다. 그러나 소통이 목적이라면 튀는 상의는 추천하지 않는다. 면대면 아이컨택 대화에 집중하는 동안 우리는 적지 않은 에너지를 소비한다. 얼굴 주변에 튀는 장치가 있으면 상대방은 상당히 피곤해지고, 나와 오랫동안 대화하는 걸 꺼리게 된다. 살 때는 괜찮았는데 이상하게 입을수록 뭔가 과한 것 같은 옷은 대부분 튀는 상의일 것이다. 튀는 아이템을 입고 싶다면, 얼굴에서 멀고 좁은 면적을 차지하는 아이템으로 시도해보자. 실버 색상 신발, 무지개 색 양말, 꽃무늬 미니스커트, 스터드 박힌 드라이빙 글로브 같은 것은 어떤가.

6. 스타일링이 필요 없고 할 수도 없는 옷

한마디로 완성도가 너무 높은 옷이다. 아나운서들이 입을 것 같은 완벽한 핏의 원피스는 다른 옷이 끼어들 틈이 없다. 이런 옷에 아우터를 어떤 걸 입어야 할지 고민하다 추워도 단독으로만 입었다는 고백. 정말 자주 듣는다.

7. 사이즈가 맞지 않는 옷

아울렛에서 믿을 수 없는 가격에 발견한 유명 브랜드의 옷. 그러나 사이즈가 맞지 않으면 방치하게 된다. 제발 사이즈가 맞지 않으면 내려놓아라(살 빼고 입어야지, 하는 생각으로 샀다가 방치된 옷 이야기를 정말 많이 들었다).

8. 길이 수선이 불가능한 옷

키가 작은 사람들과 이야기를 나누다 보면 길이 수선이 안 되는 옷을 구매했다가 고민하는 경우를 종종 본다. 끝자락에 프릴이 불규칙한 스커트, 지퍼가 끝까지 내려오는 패딩, 주머니 위치가 너무 아래 있는 코트. 구매하기 전 수선이 필요한 부분이 수선 가능한 디자인인지 꼭 체크할 것.

9. 소매가 너무 독특한 옷

가오리 핏 상의는 아우터를 입는 순간 팔이 아우터의 암홀에 들어가지 않아 스타일링에 제약이 많다. 어깨가 봉긋한 퍼프 소매 블라우스 역시 봉긋함이 과하면 아우터 없이 단독으로 입을 수밖에 없다. 또 소매 끝이 나팔 모양으로 퍼지는 상의는 밥 먹다 소매 끝자락이 국에 빠지기 십상.

10. 동일한 디테일이 반복되는 옷

디테일이 많지 않아도 동일한 디테일이 반복되면 왠지 이상해 보인다. 토털룩이 어느 한 방향으로 치우쳤을 때 발생하는 투머치를 우리 눈이 감지하기 때문이다. 가령 프릴 달린 소매, 앞판 가슴 부분의 프릴, 스커트 끝자락 역시 프릴로 마무리된 원피스는 프린트가 아닌 단색이더라도 촌스러워 보인다. 브이넥에다 허리춤이 삼각형으로 뚫려 있고 허벅지를 드러내도록 길게 슬릿이 들어가 있다면, 우리 눈은 삼각형의 디테일이 반복된다고 인식하므로 이상하다고 느낀다. 꽃무늬 아이템을 갖고 싶다면, 꽃무늬 원피스보다는 꽃무늬 스커트나 꽃무늬 블라우스 같은 단품을 추천한다.

11. 색상, 실루엣, 소재가 동일한 분위기를 표현하는 옷

허리가 잘록한 데다 소재가 레이스이고 진주가 박혀 있는 핑크 원피스. 원피스는 그 자체로 여성스러운 아이템이다. 실루엣, 소재, 디테일, 색상까지 같은 분위기를 표현하면 크리스피 크림 도넛에 초코와 생크림이 뿌려진 거나 마찬가지다. 만약 핑크 옷을 입고 싶다면, 매니시한 옷으로 선택해보자. 핑크 슬랙스나 핑크 블레이저, 혹은 핑크 바이커 재킷을 선택하는 것이다. 그렇게 하면 핑크 원피스보다 절제된 스타일링이 가능하다. 같은 맥락에서 레이스 원피스가 아닌 기본 셔츠 디자인에 소재만 레이스인 셔츠를, 꽃무늬 원피스가 아닌 꽃무늬 팬츠를 선택해보길!

12. 튀는 색상이 넓은 면적을 차지하는 옷

채도가 높은 튀는 색상은 동일한 면적의 낮은 채도의 색상에 비해 에너지가 몇 배는 높다. 즉, 쉽게 질리거나 시각적으로 피로감이 크다. 새빨간 색이 입고 싶다면 원피스보다는 미니스커트나 쇼츠, 또는 신발이나 가방처럼 면적이 좁은 아이템을 선택하라.

13. 주로 입는 하의와 동일한 핏 혹은 실루엣의 아우터

"작년에 스키니진을 입다가 올해 와이드 팬츠로 바꿨어요. 똑같은 아우터를 입었는데 뭔가 이상해진 것 같아서 못 입겠어요." 고민의 주인공은 바뀐 유행을 탓했지만, 이런 느낌이 드는 이유는 상하의 핏 대비가 사라졌기 때문이다. 스키니진처럼 하의가 붙는 핏이면 아우터는 오버핏으로 입어야 멋스럽다. 그런데 스키니진과 함께 입어 왔던 오버핏 재킷을 와이드팬츠와 매치하면 상하의 모두 헐렁해서 투머치가 발생해버린다. 아우터를 사기 전, 자신이 주로 입는 하의의 핏을 먼저 체크하고, 하의와 반대 핏인 것을 선택하자.

14. 디자이너 브랜드의 카피 제품

디자이너 브랜드의 카피 제품은 절대 오래 입을 수 없다. 차이 나는 질도 문제이지만, 현재 인기 있는 제품이어도 한 시즌만 지나면 뒤처진 사람처럼 느껴지기 쉽기 때문이다. 단, 그 옷이 카피 제품인 줄도 모르는 사람이라면 예외.

15. 싫어하거나 불편해하는 소재의 옷

의외로 자신이 싫어하는 소재가 무엇인지 모르는 사람이 많다. 평소 자신의 취향을 파악해두는 것은 무엇보다 중요하다. 옷을 사기 전 싫어하는 소재가 섞여 있는지 반드시 체크하자. '화이트 셔츠가 기본 아이템이라고 해서 샀는데 입어보니 좋아하지 않는 소재라 방치했다', '청재킷이 필요해서 샀는데 신축성이 없어 불편해서 방치했다', '빨강 스웨터가 필요해서 샀는데 까끌거려서 방치했다'는 고백을 피하려면, 한두 가지 요소만으로 구매를 결정할 것이 아니라 소재까지도 고려해야 한다.

16. 인터넷 커뮤니티에서 인기 있는 옷

어느 연예인이 행사장에서 입었던 옷, 공항 패션으로 입었던 옷, 드라마에 입고 나왔던 옷. 각종 맘 카페와 직구 카페, 패션 카페에서 잇 아이템으로 소개되고, 쇼핑에 성공했다는 후기가 올라오기 시작하면 나도 하나 사야 할 것 같은 불안감에 휩싸일 수 있다. 그러나 꼭 기억하자. 연예인들이 입고 노출되었던 옷은 대부분 협찬받은 것이고, 나의 라이프 스타일이나 정체성과는 무관한 옷이라는걸.

17. 나의 라이프 스타일과 동떨어진 옷(가짜 자아를 반영하는 옷)

출근복이나 평상복으로 입지 못할 비싼 원피스만 사다 보니 아무리 쇼핑해도 입을 옷이 없다는 고민을 접한 적이 있다. 나도 같은 고민을 한 적이 있다. 혹시나 자신의 삶과 동떨어진 엉뚱한 옷만 산다면, 동경하는 삶을 이루기까지의 수고가 하기 싫어서 동경하는 삶의 이미지를 돈을 주고 사는 건 아닌지 점검해보자. 실제 삶이 변해야 입지 않을 옷만 사 모으는 습관이 바뀐다. 부유하고 성공한 삶을 동경하면서 샀던 비싼 옷들은 모두 디자인도 재질도 멋진 옷이었지만, 진짜 나를 반영하는 옷이 아니었기에 결국 곰팡이가 펴서 버렸던 경험이 있다.

18. 브랜드 정체성이 너무 두드러지는 옷

브랜드 정체성이 너무 두드러지는 옷이나 로고가 너무 크게 박힌 옷
은 나를 표현하는 걸 방해한다. 브랜드 정체성이 두드러지지 않는
흰 캔버스 같은 옷이 많을수록 나를 보여주기 쉽다. 유니클로나 에
버레인 같은 브랜드의 옷을 입고 나를 보여줄 수 있는 디테일을 가
방이나 선글라스, 팔찌, 귀걸이 같은 액세서리로 더해보자.

Check list

옷장에서 심플 라이프 실천하기

최소한의 음식만 남아 있는 냉장고보다 내가 좋아하는 음식만 남아 있는 냉장고가 주는 기쁨이 더 클 것이다. 미니멀리즘과 심플 라이프는 다르다. 심플 라이프는 본질을 제외한 군더더기를 제거한 삶이다. 그래서 심플 라이프는 본질이 무엇인지 묻지만, 미니멀리즘은 본질이 무엇인지 묻지 않는다. 미니멀리즘에선 무엇을 남기고 무엇을 제기해야 할지에 대한 기준이 없다. 최소한의 것만 남기는 것이 미니멀리즘이 추구하는 바이기 때문이다.

내가 추구하는 건 심플 라이프. 그리고 심플한 옷장이다. 정체성에 맞는, 내가 좋아하는 옷만 남아 있는 옷장이 바로 심플한 옷장이다. 버리기, 세우기, 지키기라는 세 가지 원칙으로 옷장을 관리해보자.

자기 정체성 아닌 옷 '버리기'

☐ 쇼핑 자체(하나라도 사자, 싸니까, 가족이 권하니까 사자)를 위해서 산 옷인가?

☐ 퀄리티가 만족스럽지 않은 옷인가?

☐ 전문가가 권하는 머스트 해브 아이템이지만 나에게는 해당하지

않는 옷인가?

☐ 특정 이벤트의 드레스 코드를 맞추기 위해 산 옷인가?

☐ 소재가 내 맘에 들지 않는 옷인가?

☐ 내 체형을 아름답게 표현하지 못하는 옷인가?

☐ 라이프 스타일과 맞지 않는 불편한 옷인가?

☐ 관리하기 번거로운 옷인가?

☐ 내가 좋아하지 않는 색인가?

☐ 내가 추구하는 인간상(원칙주의자, 자유로운 영혼, 능력자 등)에 맞지 않는 옷인가?

내 정체성을 반영한 옷장 콘셉트 '세우기'

☐ 지금 계절의 모든 옷을 옷걸이에 (1옷걸이, 1아이템) 걸었을 때 보이는 내 옷장 콘셉트는?

☐ 내가 추구하는 인간상을 고려했을 때 아쉬운 아이템은 무엇인가?

☐ 색상별로 걸었을 때 내가 좋아하는 어떤 색이 더 들어오면 좋겠는가?

☐ 어떤 소재의 옷을 더 들이면 나를 더 잘 표현할 수 있겠는가?

☐ 액세서리로 나를 표현한다면, 불편하지 않게 착용할 수 있을 범주는 무엇인가?

☐ 긴장감(튀는 아이템, 반짝이는 소재, 강한 색상 등)과 느슨함(편안한 소재, 헐렁한 핏, 튀지 않는 무채색 등)을 각각 어떤 패션 아이템으로 표

현하겠는가?

□ 체형을 고려했을 때 신체 어떤 부분을 슬림핏으로 어떤 부분을 오버핏으로 표현하겠는가?

□ 내가 좋아하는 디테일이나 프린트는 어떤 것이며, 옷이 아닌 어떤 아이템으로 취하면 좋겠는가?

□ 옷장에는 걸려 있지 않지만 꼭 하나 사고 싶은 아이템이 있다면, 그건 나의 어떤 욕망을 반영하는가? 나는 어떤 사람인가?

내 정체성이 아닌 것으로부터 옷장 '지키기'

□ 홈드라이 세제, 보풀 제거기, 스팀 다리미로 내 옷을 청결하게 관리하고 있는가?

□ 계절이 바뀔 때마다 지난 계절의 옷은 보이지 않는 곳(서랍, 의류 커버)에 보관하는가?

□ 트렌드를 체크하는 이유는 트렌드를 피하기 위해서인가?

□ 아이템을 따라 사기 위해서가 아니라 스타일링 방법을 참고하기 위해 패션 인플루언서의 사진을 검색하는가?

□ 패션 커뮤니티에서 유명한 잇 아이템을 그냥 흘릴 수 있는가?

□ SPA 브랜드나 해외 패션 쇼핑몰의 세일을 덤덤히 대할 수 있는가?

□ 눈길 끄는 옷을 봤을 때 한 시즌에 몇 번 입을 수 있을지 계산해보는가?

□ 쇼핑 전 옷장을 열고 내 옷장 속 아이템을 점검하는가?

☐ 저렴한 아이템을 몇 번 포기하면 내 콘셉트를 완성해줄 위시리스트의 아이템을 살 수 있을지 생각해보았는가?

☐ 시즌 트렌드 컬러보다 내가 좋아하는 배색을 고려하는가?

샤넬백을 버린 날,
새로운 삶이 시작됐다

초판 1쇄 발행 2019년 8월 20일
초판 2쇄 발행 2019년 9월 10일

지은이 최유리
펴낸이 유정연

편집장 장보금
실장 백지선
책임편집 김경애 **기획편집** 신성식 조현주 김수진 **디자인** 안수진 김소진
마케팅 임충진 임우열 이다영 **제작** 임정호

펴낸곳 흐름출판(주) **출판등록** 제313-2003-199호(2003년 5월 28일)
주소 서울시 마포구 월드컵북로5길 48-9(서교동)
전화 (02)325-4944 **팩스** (02)325-4945 **이메일** book@hbooks.co.kr
홈페이지 http://www.hbooks.co.kr **블로그** blog.naver.com/nextwave7
출력·인쇄·제본 (주)상지사 **용지** 월드페이퍼(주) **후가공** (주)이지앤비(특허 제10-1081185호)

ISBN 978-89-6596-337-0 03320

• 흐름출판은 독자 여러분의 투고를 기다리고 있습니다. 원고가 있으신 분은 book@hbooks.co.kr로 간단한 개요와 취지, 연락처 등을 보내주세요. 머뭇거리지 말고 문을 두드리세요.
• 파손된 책은 구입하신 서점에서 교환해 드리며 책값은 뒤표지에 있습니다.

이 도서의 국립중앙도서관 출판예정도서목록(CIP)은 서지정보유통지원시스템 홈페이지(http://seoji.nl.go.kr)와 국가자료공동목록시스템(http://www.nl.go.kr/kolisnet)에서 이용하실 수 있습니다.(CIP제어번호: CIP2019030274)